William Shakespeare
(1564-1616)

William Shakespeare nasceu e morreu em Stratford, Inglaterra. Poeta e dramaturgo, é considerado um dos mais importantes autores de todos os tempos. Filho de um rico comerciante, desde cedo Shakespeare escrevia poemas. Mais tarde associou-se ao Globe Theatre, onde conheceu a plenitude da glória e do sucesso financeiro. Depois de alcançar o triunfo e a fama, retirou-se para uma luxuosa propriedade em sua cidade natal, onde morreu. Deixou um acervo impressionante, do qual destacam-se clássicos como *Romeu e Julieta, Hamlet, A megera domada, O rei Lear*, *Macbeth, Otelo, Sonho de uma noite de verão, A tempestade, Ricardo III, Júlio César, Muito barulho por nada* etc.

Livros de Shakespeare publicados pela **L&PM** EDITORES:

As alegres matronas de Windsor – Trad. de Millôr Fernandes
Antônio & Cleópatra – Trad. de Beatriz Viégas-Faria
Bem está o que bem acaba – Trad. de Beatriz Viégas-Faria
A comédia dos erros – Trad. de Beatriz Viégas-Faria
Como gostais / Conto de inverno – Trad. de Beatriz Viégas--Faria
Hamlet – Trad. de Millôr Fernandes
Henrique V – Trad. de Beatriz Viégas-Faria
Júlio César – Trad. de Beatriz Viégas-Faria
Macbeth – Trad. de Beatriz Viégas-Faria
Medida por medida – Trad. de Beatriz Viégas-Faria
A megera domada – Trad. de Millôr Fernandes
O mercador de Veneza – Trad. de Beatriz Viégas-Faria
Muito barulho por nada – Trad. de Beatriz Viégas-Faria
Noite de Reis – Trad. de Beatriz Viégas-Faria
Otelo – Trad. de Beatriz Viégas-Faria
O rei Lear – Trad. de Millôr Fernandes
Ricardo III – Trad. de Beatriz Viégas-Faria
Romeu e Julieta – Trad. de Beatriz Viégas-Faria
Sonho de uma noite de verão – Trad. de Beatriz Viégas-Faria
A tempestade – Trad. de Beatriz Viégas-Faria
Tito Andrônico – Trad. de Beatriz Viégas-Faria
Trabalhos de amor perdidos – Trad. de Beatriz Viégas-Faria

Leia também:

Guia Cambridge de Shakespeare – Emma Smith
Hamlet (MANGÁ)
Shakespeare de A a Z (Livro das citações) – Org. de Sergio Faraco
Shakespeare – Claude Mourthé (Série Biografias)
Shakespeare – Obras escolhidas
Shakespeare – Série Ouro
Shakespeare traduzido por Millôr Fernandes

SHAKESPEARE

O REI LEAR

Tradução de Millôr Fernandes

www.lpm.com.br
L&PM POCKET

Coleção **L&PM** POCKET, vol. 39

Texto de acordo com a nova ortografia.

Primeira edição na Coleção **L&PM** POCKET: junho de 1997
Esta reimpressão: fevereiro de 2025

Tradução: Millôr Fernandes
Capa: Ivan Pinheiro Machado. *Ilustração*: iStock
Revisão: Renato Deitos

S527r

Shakespeare, William, 1564-1616
O rei Lear / William Shakespeare; tradução de Millôr Fernandes. – Porto Alegre: L&PM, 2025.
144 p ; 18 cm – (Coleção L&PM POCKET; v. 39)

ISBN 978-85-254-0681-1

1. Teatro inglês-Tragédias. I.Título. II. Série.

CDD 822.33T3-4
CDU 820 Shak.03

Catalogação elaborada por Izabel A. Merlo, CRB 10/329.

Rua Comendador Coruja, 314, loja 9 – Floresta – 90.220-180
Porto Alegre – RS – Brasil / Fone: 51.3225.5777

Pedidos & Depto. comercial: vendas@lpm.com.br
Fale conosco: info@lpm.com.br
www.lpm.com.br

Impresso no Brasil
Verão de 2025

PERSONAGENS:

LEAR – rei da Bretanha
REI DA FRANÇA
DUQUE DE BORGONHA
DUQUE DE CORNUALHA
DUQUE DE ALBÂNIA – marido de Goneril
CONDE DE KENT
CONDE DE GLOUCESTER
EDGAR – filho de Gloucester
EDMUNDO – filho bastardo de Gloucester
CURAN – um cortesão
VELHO – rendeiro de Gloucester
MÉDICO
BOBO DE LEAR
OSVALDO – mordomo de Goneril
CAPITÃO – às ordens de Edmundo
Fidalgos a serviço de Lear
Um fidalgo a serviço de Cordélia
ARAUTO
Criados do Duque de Cornualha
GONERIL – filha de Lear
REGANA – filha de Lear
CORDÉLIA – filha de Lear
Cavaleiros do séquito de Lear, capitães,
mensageiros, soldados e serviçais

AÇÃO: Bretanha

ATO I

CENA I

(*Salão nobre do palácio do Rei Lear. Entram Kent, Gloucester e Edmundo.*)

KENT: Pensei que o Rei preferisse o Duque de Albânia ao Duque de Cornualha.

GLOUCESTER: Também sempre pensamos assim, nós todos; mas agora, na partilha do reino, é impossível saber qual dos dois ele mais estima. A divisão está tão perfeita que aquele que escolher primeiro não terá maneira de escolher melhor.

KENT: Não é esse o seu filho, meu senhor?

GLOUCESTER: A educação dele ficou aos meus cuidados. Já ruborizei tantas vezes ao ter de perfilhá-lo que não há mais nada no mundo que me ponha vermelho.

KENT: Eu não consigo conceber...

GLOUCESTER: Pois a mãe do rapaz o conseguiu; e logo se pôs de ventre redondo e teve um filho no berço antes de ter um marido na cama. Sente o cheiro do pecado?

KENT: Que importa o pecado quando o fruto é tão belo?

Gloucester: Mas eu tenho outro filho, nos critérios da lei, meu senhor. Mais velho do que este um ano e pouco; mas nem por isso mais amado. Embora este patife tenha entrado no mundo de atrevido, sem ser solicitado, não foi um desprazer confeccioná-lo. Sua mãe era uma beleza, e o filho da mãe teve de ser reconhecido. Conhece este nobre fidalgo, caro Edmundo?

Edmundo: Não, meu senhor.

Gloucester: É o senhor conde de Kent. De agora em diante lembre-se dele como um meu honrado amigo.

Edmundo: Estou às ordens de Sua Senhoria.

Kent: Pretendo ser seu amigo e conhecê-lo melhor.

Edmundo: Senhor, me esforçarei por merecer.

Gloucester: Edmundo esteve fora nove anos e irá embora de novo dentro em breve. (*Soam fanfarras.*) É o Rei chegando. (*Entra um servidor carregando uma coroa. Depois entram o Rei Lear, os duques de Cornualha e Albânia, com Goneril, Regana, Cordélia e o séquito.*)

Lear: Gloucester, cuida dos senhores da França e da Borgonha.

Gloucester: Já vou, majestade. (*Sai, com Edmundo.*)

Lear: Enquanto isso revelaremos as nossas intenções mais reservadas. Deem-me esse mapa aí. Saibam que dividimos em três o nosso reino. É nossa firme decisão diminuir o peso dos anos, livrando-nos de todos os encargos, negócios e tarefas, confiando-os a forças mais jovens, enquanto nós, liberados do fardo, caminharemos mais leves em direção à morte. Nosso filho da Cornualha, e tu, nosso não menos amado filho da Albânia; é chegada a hora de proclamar os vários dotes de nossas filhas a fim de evitar qualquer divergência no futuro. Os príncipes da França e da Borgonha, fortes rivais no amor de nossa filha mais moça, permaneceram longo tempo em nossa corte em vigília amorosa, e agora temos que lhes dar uma resposta. Digam-me, minhas filhas – já que pretendo abdicar de toda autoridade, posses de terras e funções do estado –, qual das três poderei afirmar que me tem mais amor, para que minha maior recompensa recaia onde se encontra o mérito natural. Goneril, minha filha mais velha, falará primeiro.

Goneril: Senhor, eu o amo mais do que podem exprimir quaisquer discursos; mais que a luz dos meus olhos, do que o espaço e a liberdade, acima de tudo que pode ser avaliado – rico ou sublime; não menos do que a vida, com sua graça, beleza, honra e saúde; tanto quanto um filho jamais amou um pai ou um pai jamais se viu amado; um amor que torna a fala inútil e a palavra incapaz. Eu o amo além de todos os valores disso tudo.

Cordélia: (*À parte.*) E o que irá dizer Cordélia, agora? Ama; e cala.

Lear: De todos estes limites, incluindo o espaço desta linha a esta, florestas ensombradas e planícies cultivadas, os rios abundantes e as vastas pradarias, te faço aqui dona e senhora. Um direito perpétuo extensivo aos descendentes teus e da Albânia. Que diz nossa segunda filha, esposa de Cornualha, nossa amada Regana?

Regana: Eu sou feita do mesmo metal de minha irmã e julgo ter valor igual ao dela. Do fundo do coração acho que exprimiu também o meu amor, ao exprimir o dela; fica distante porém quando eu me declaro inimiga de quaisquer desses prazeres que os sentidos têm como supremos; só me sinto feliz em idolatrar Vossa Amada Alteza.

Cordélia: (*À parte.*) E então, pobre Cordélia? Mas, contudo, não sei; pois teu amor, tenho certeza, é mais profundo do que tua fala.

Lear: A ti, e aos que de ti descenderem, pertença para sempre este vasto terço de nosso belo reino, não menor em extensão, valor e encantos naturais do que o que foi dado a Goneril. Agora, nossa alegria, embora a última e mais moça, por cujo amor juvenil os vinhedos da França e os prados da Borgonha disputam apaixonados; que poderás tu dizer que mereça um terço mais opulento do que o delas duas? Fala.

Cordélia: Nada, meu senhor.

Lear: Nada?

Cordélia: Nada.

Lear: Nada virá do nada. Fala outra vez.

Cordélia: Infeliz de mim que não consigo trazer meu coração até minha boca. Amo Vossa Majestade como é meu dever, nem mais nem menos.

Lear: Vamos, vamos, Cordélia: corrige um pouco tua resposta, senão prejudicas tua herança.

Cordélia: Meu bom senhor, tu me geraste, me educaste, amaste. Retribuo cumprindo o meu dever de obedecer-te, honrar-te, e amar-te acima de todas as coisas. Mas para que minhas irmãs têm os maridos se afirmam que amam unicamente a ti? Creio que, ao me casar, o homem cuja mão receber minha honra deverá levar também metade do meu amor, dos meus deveres e cuidados. Jamais me casarei como minhas irmãs, para continuar a amar meu pai – unicamente.

Lear: Mas, teu coração está no que dizes?

Cordélia: Está, meu bom senhor.

Lear: Tão jovem e tão dura?

Cordélia: Tão jovem, meu senhor, e verdadeira.

Lear: Pois se assim é, assim seja: tua verdade será então teu dote. Pelo sagrado resplendor do sol, pelos mistérios de Hécata, deusa do céu e do inferno, pelo negror da noite, por todos os giros das esferas celestes por cujos eflúvios passamos a existir ou deixamos de ser, renego aqui todas as minhas obrigações de pai, parentesco e afinidade de sangue, e, de hoje em diante, e para todo o sempre, te considero estranha a meu coração e a mim mesmo. Ao bárbaro Cita, e ao Canibal que transforma os filhos em alimento para satisfazer o apetite, darei em meu peito acolhida, piedade e proteção igual a ti, que não és mais minha filha.

Kent: Meu bom soberano...

Lear: Cala, Kent! Não te metas entre o dragão e sua fúria. Eu a amava demais, e pensava confiar o meu descanso aos seus ternos cuidados. Daqui! e sai da minha vista! Agora só me resta a paz do túmulo, agora, depois que retirei dela o coração de pai. Chamem o Rei da França! Ninguém se move? Chamem Borgonha! Cornualha e Albânia, juntem este terceiro dote aos dois anteriores. Que esse orgulho, que ela chama franqueza, case com ela. Transfiro aos dois, conjuntamente, o meu poder, soberania, e todos os grandes privilégios que compõem a realeza. Quanto a mim, ficarei apenas com uma escolta de cem homens, sustentada por ambos, e, em ciclos mensais, morarei com os dois, cada um a seu turno. Conservarei apenas o título real e todas as honras e prerrogativas a ele devidas. O poder, rendimentos e a disposição do resto lhes pertencem, amados filhos. Confirmando o que, entrego-lhes, para que a compartilhem, esta coroa.

Kent: Real Lear, a quem sempre honrei como meu soberano, amei como pai, segui como senhor e invoquei em minhas orações como meu protetor...

Lear: Meu arco está curvo e a corda tensa; cuidado com a flecha.

Kent: Prefiro que dispares, mesmo que a ponta aguda da flecha atinja o fundo do meu coração. Kent será rude enquanto Lear for louco. Que pretendes fazer, velho Rei? Julgas que o dever terá medo de falar quando o poder se curva à adulação? A honra tem de ser sincera quando a majestade se perde na loucura. Conserva o teu comando, considera e reflete, freia esse impulso hediondo. Respondo por minha opinião com a minha vida; tua filha mais moça não é a que te ama menos; não está vazio o coração cujo som, por isso mesmo, não ressoa.

Lear: Por tua vida, Kent, para!

Kent: Nunca considerei minha vida senão como um peão para jogar contra teus inimigos; e não temo perdê-la quando está em jogo a tua segurança.

Lear: Fora da minha vista!

Kent: Vê melhor, Lear, e deixa que eu continue sendo o verdadeiro ponto de mira dos teus olhos.

LEAR: Pois então, por Apolo...

KENT: Pois então, por Apolo! Ó Rei, tu invocas teus deuses em vão.

LEAR: Ah, vassalo! Ah, traidor! (*Leva a mão à espada.*)

ALBÂNIA E CORNUALHA: Por favor, senhor, contenha-se.

KENT: Mata teu médico e paga os honorários à tua repugnante enfermidade. Revoga essa doação ou, enquanto puder emitir um grito de minha garganta, eu te direi que agiste mal.

LEAR: Escuta, renegado! Por teu dever de súdito, escuta! Porque procuras fazer-me repudiar a minha jura, o que jamais fiz antes – e te interpões com obstinado orgulho entre minha sentença e meu poder, o que nem minha natureza nem meu posto podem admitir –, eu vou te demonstrar minha potência, te dando a recompensa que mereces: tens cinco dias para te prevenires contra as desgraças do mundo. No sexto volta ao nosso reino as tuas costas execradas. Se, no décimo dia, tua carcaça infame ainda for encontrada em nossas terras, esse instante será a tua morte. Fora! Por Júpiter – esta sentença é irrevogável.

KENT: Passe bem, meu senhor. Já que procedes assim, a liberdade é lá, o exílio aqui. (*Para Cordélia.*) Que os deuses te tomem sob sua carinhosa proteção, menina, que falaste tão bem o que pensaste tão justo. (*A Regana e Goneril.*) Que as vossas ações confirmem os belos discursos – que palavras de amor gerem atos de amor. Assim, ó príncipes, a todos digo adeus. Kent irá adaptar seu velho estilo a algum país novo. (*Sai. Trombetas. Entram Gloucester, o rei da França, o duque de Borgonha e séquito.*)

Gloucester: Eis o rei da França e o duque de Borgonha, meu nobre senhor.

Lear: Meu senhor de Borgonha, nos dirigimos primeiro ao senhor, rival deste rei por nossa filha. Que mínimo exige agora como dote para não desistir da sua pretensão amorosa?

Borgonha: Real Majestade, não exijo nada além do que Vossa Alteza ofereceu, nem acredito que pretenda doar menos do que o oferecido.

Lear: Nobilíssimo Borgonha, quando ela nos era cara, nós a julgávamos também cara em valores; mas agora seu preço decaiu. Senhor, aí está ela; se nessa essência de nada, qualquer coisa, ou mesmo tudo, junto com o dote do nosso menosprezo, convier à ambição de Vossa Graça, ela está aí; é sua.

Borgonha: Não sei o que responder.

Lear: Cheia de deficiências como é, incapaz de amigos, renegada como nossa filha, recém-adotada pelo nosso ódio, herdando apenas nossa maldição, que decide o senhor: levá-la ou deixá-la?

Borgonha: Perdoe-me, augusto Rei, é impossível uma escolha em tais condições.

Lear: Deixe-a então, senhor, pois juro, pelo poder que me criou, ter revelado toda sua riqueza. (*Ao rei da França.*) Quanto ao senhor, grande Rei, seria afastar-me demais do seu afeto uni-lo àquilo que eu odeio. Rogo-lhe pois que desvie seu amor para um caminho melhor do que uma desgraçada de quem a natureza se envergonha ao reconhecer como obra sua.

França: Mas é muito estranho que aquela que ainda agora mesmo era seu objeto mais precioso, tema do seu louvor, bálsamo de sua idade, a melhor, a mais amada, tenha, num átimo de tempo, cometido ato tão monstruoso que a dispa assim do manto protetor dos seus favores. Deve ter praticado ação desnaturada ou ofensa monstruosa: ou a afeição que o senhor apregoava antes se corrompeu por si mesma; mas, para acreditar que ela assim tenha agido, seria preciso uma fé que a razão não criaria em mim sem um milagre.

Cordélia: Suplico apenas a Vossa Majestade, por me faltar a arte pérfida e oleosa de falar sem sentir – pois o que eu sinto eu faço sem falar –, suplico que proclame não ter sido a mácula de um vício, nem um assassinato, um ato infamante, ação despudorada ou passo desonroso o que me fez perder sua graça e favor; mas exatamente a falta daquilo que me torna mais rica – um olhar de permanente adulação e uma língua que me orgulho de não ter, embora não tê-la me haja feito perder o seu afeto.

Lear: Melhor que não tivesses nascido do que me seres tão desagradável.

França: Mas então é só isso? Uma relutância natural que tantas vezes torna imprecisa uma promessa que se faz? Meu senhor de Borgonha, que diz o senhor a esta jovem? Amor não é amor quando se mistura com interesses estranhos ao fundamental. Ainda a pretende? Ela em si mesma já é um dote.

Borgonha: Rei Lear, dê apenas a parte do dote que havia

prometido e aqui mesmo tomo Cordélia pela mão e a faço Duquesa de Borgonha.

LEAR: Nada. Eu jurei. Sou irremovível.

BORGONHA: (*A Cordélia.*) Lamento então que, tendo perdido um pai, percas também um marido.

CORDÉLIA: Que a paz acompanhe Borgonha. Já que interesses de fortuna são sua forma de amor eu não serei sua esposa.

FRANÇA: Belíssima Cordélia, sendo pobre és mais rica, mais desejada abandonada, mais amada desprezada; de ti e de tuas virtudes eu aqui me apodero. Que a lei me dê posse do que foi posto fora. Deuses! Deuses! Estranho como a fria indiferença com que a tratam acende o meu amor em inflamado desejo. Tua deserdada filha, ó Rei!, lançada em meu caminho, é agora minha rainha, rainha nossa, de nossa bela França. Nem todos os duques da pantanosa Borgonha poderão me recomprar esta donzela de valor inestimável... Despede-te deles, Cordélia,

dessa gente má:
perdeste o aqui,
te dou um melhor lá.

LEAR: Ela te pertence, Rei da França: e é só tua, pois não temos tal filha nem pretendemos jamais rever sua face. Parte pois sem nossa graça, nosso amor e nossa bênção. Vem, nobre duque de Borgonha. (*Trombetas. Saem Lear, Borgonha, Cornualha, Albânia, Gloucester e o séquito.*)

FRANÇA: Dá adeus a tuas irmãs.

CORDÉLIA: Joias de nosso pai, é com os olhos úmidos que Cordélia as abandona. Eu sei bem o que vocês são, mas, como irmã, me repugna chamar seus defeitos pelo nome próprio. Tratem bem nosso pai; abriguem-no nesses corações cheios de amor.

> Contudo, se eu ainda pudesse lhe falar,
> seria para lhe indicar melhor lugar.

Assim, o meu adeus a ambas.

Regana: Não venhas nos ensinar nossos deveres!

Goneril: É melhor te preocupares em contentar teu dono, que te recebeu como esmola do destino.

> Você renegou de vez sua raiz
> E bem merece o não ter que tanto quis.

Cordélia: O tempo há de revelar o que se esconde nas dobras da perfídia.

> Aos que disfarçam sua peçonha
> Ele, no fim, sempre expõe à vergonha.

Prosperidade às duas!

França: Vamos, minha bela Cordélia. (*Saem França e Cordélia.*)

Goneril: Irmã, não é pouco o que tenho a te falar de coisas que nos interessam mutuamente. Acho que nosso pai partirá esta noite.

Regana: É mais que certo; e vai contigo. Ficará conosco o mês que vem.

Goneril: Tu vês como é cheia de mudanças a velhice. A experiência que tivemos foi bem grave; ele sempre gostou mais de nossa irmã; e a falta de critério com que a repudiou agora se mostrou de maneira bem grosseira.

Regana: É um mal próprio da idade; aliás, nunca teve um maior conhecimento de si próprio.

Goneril: Mesmo no tempo melhor e mais saudável de sua vida sempre foi um imprudente: devemos esperar de sua velhice não apenas os defeitos há muito tempo adquiridos e entranhados mas também a impertinência e os caprichos que chegam com os anos de senilidade e doença.

Cena II

(*Sala no castelo do conde de Gloucester. Entra Edmundo com uma carta na mão.*)

Edmundo: Tu, Natureza, és minha deusa: às tuas leis é que estão presas minhas ações. Por que haveria eu de me submeter à maldição dos costumes e permitir que o preconceito das gentes me deserde apenas porque nasci doze ou catorze luas depois de meu irmão? Por que bastardo? e portanto infame, se as minhas proporções são tão corretas, a minha alma tão nobre e minha forma tão perfeita quanto a de qualquer filho de uma dama honesta? Por que nos marcam com infame? Com infâmia? Infâmia infame? Infamante infâmia? Quem, na luxúria furtiva da paixão, recebe mais fogo vital, constituição mais robusta, nós, ou os germinados numa cama insípida, sem calor, leito cansado, uma raça de frouxos e depravados, gerados entre o sono e a insônia? Pois então, legítimo Edgar, eu devo ter tuas terras. O amor de nosso pai se reparte por igual entre o bastardo e o legítimo. Que palavra bonita esse *legítimo*! Bem, meu legítimo, se esta carta convencer e minha invenção triunfar, o infame Edmundo precederá o legítimo. Eu cresço, eu me engrandeço. E agora, ó deuses! do lado dos bastardos! (*Entra Gloucester.*)

Gloucester: Kent banido assim? O rei da França partindo indignado? Lear indo embora ontem mesmo, depois de limitar sua própria força? Reduzido a uma pensão? E tudo assim, no fulgor de um momento? Edmundo, me diz, que notícias há mais?

Edmundo: Que Deus dê graças a Vossa Senhoria, as notícias são essas. (*Procura esconder a carta, sem jeito.*)

Gloucester: Por que tanto empenho em esconder essa carta?

Edmundo: Não há qualquer novidade, meu senhor.

Gloucester: E essa carta, o que é?

Edmundo: Absolutamente nada, meu senhor.

Gloucester: Nada? Mas então por que a pressa de enfiar no bolso o absolutamente nada? O nada não se esconde. Vejamos; se realmente é nada nem preciso de óculos.

Edmundo: Eu lhe peço, senhor, que me perdoe. É uma carta de meu irmão que ainda nem li toda; mas pela parte já lida, acho que não deve examiná-la.

Gloucester: Dá-me essa carta.

Edmundo: Meu erro é igual se dou ou se lhe nego a carta. O conteúdo, do que pude entrever, é censurável.

Gloucester: Vejamos, vejamos.

Edmundo: Espero, como justificativa de meu irmão, que ele tenha escrito isso apenas para experimentar e provar minha lealdade.

Gloucester: (*Lê.*) "Esse hábito que nos obriga a respeitar os velhos nos faz o mundo amargo nos melhores anos de nossa vida; priva-nos de nossos bens, que só nos chegam quando a idade não nos dá mais condição de desfrutá-los. Começo a achar estúpida e insuportável a escravidão imposta pela tirania senil, que governa não pela força que tem, mas porque permitimos. Vem me ver, para que possamos falar mais a esse respeito. Se nosso pai dormisse até que eu o acordasse, você gozaria para sempre metade de suas rendas e viveria bem amado pelo seu irmão, Edgar." Humm. Conspiração! "... dormisse até que eu o acordasse... gozaria metade de suas rendas..." Meu filho Edgar! Teve mão para escrever isto?! Coração e cérebro para concebê-lo?! Onde tu encontraste isto? Ou quem o trouxe?

Edmundo: Ninguém me trouxe, senhor; aí a astúcia. Encontrei no chão; foi atirado pela janela do meu quarto.

Gloucester: E a letra, tu a reconheces como de teu irmão?

Edmundo: Se o conteúdo fosse honesto, meu senhor, eu juraria que sim, mas, sendo a carta o que é, prefiro acreditar que não.

Gloucester: É dele, então.

Edmundo: A mão é dele, meu senhor; minha esperança é que seu coração não esteja no que ela escreveu.

Gloucester: E antes, ele nunca te sondou a esse respeito?

Edmundo: Nunca, meu senhor. Mas muitas vezes eu o ouvi dizendo que, tendo os filhos alcançado certa idade, quando os pais já declinam, o pai deveria ficar sob a tutela do filho, este administrando todos os seus bens.

Gloucester: Ah, canalha! canalha! O mesmo que ele diz na carta. Abominável canalha, filho desnaturado, detestado; besta asquerosa. Pior do que asqueroso. Vai, rapaz, vai procurá-lo, que eu mandarei prendê-lo, o odioso canalha. Onde está ele?

Edmundo: Não sei bem, meu senhor. Mas se o senhor concede em suspender sua indignação contra meu irmão até recolher dele mesmo uma prova melhor de suas intenções, estará num caminho mais certo. Pois, se agir contra ele com violência, e descobrir que estava enganado quanto a seus propósitos, isso abalará sua honra e destruirá o coração dele. Ouso apostar a minha vida em favor de meu irmão. Escreveu isso para testar o meu afeto, sem qualquer outra intenção criminosa.

Gloucester: Tu acreditas nisso?

Edmundo: Se o senhor achar conveniente poderá ficar num lugar onde nos ouça discutir sobre o assunto, convencendo-se com seus próprios ouvidos: isso sem demora alguma, esta noite mesmo.

Gloucester: Ele não pode ser tão monstruoso...

Edmundo: Claro que não, tenho certeza.

Gloucester: ...com seu próprio pai, que o ama tanto e com tanta ternura. Céu e terra! Edmundo, vai procurá-lo; dá corda a ele, por favor; conduz a coisa com tua esperteza. Daria tudo que tenho pela verdade absoluta.

Edmundo: Vou procurá-lo correndo, meu senhor; conduzirei o assunto o melhor que puder e logo o informarei do resultado.

Gloucester: Esses últimos eclipses do sol e da lua nada de bom nos anunciam; embora as leis da natureza possam explicá-los de diversos modos, a própria natureza é castigada pelos seus efeitos. O amor esfria, a amizade se rompe, os irmãos se dividem. Na cidade, revoltas, nos campos, discórdia; nos palácios, traição; e se arrebentam os laços entre pais e filhos. Esse vilão que criei caiu nessa maldição; é um filho contra o pai. O rei desvia-se das leis da natureza: é o pai contra a cria. Nós vimos o melhor de nosso tempo: perfídias, traições, imposturas e toda espécie de agitações funestas vão nos acompanhar sem descanso até a tumba. Revela esse canalha, Edmundo; não perderás por isso. Vai com cuidado. E Kent, nobre e leal, foi exilado. Seu crime, a honestidade. É estranho. (*Sai.*)

Edmundo: Eis a sublime estupidez do mundo; quando nossa fortuna está abalada – muitas vezes pelos excessos de nossos próprios atos – culpamos o sol, a lua e as estrelas pelos nossos desastres; como se fôssemos canalhas por necessidade, idiotas por influência celeste; escroques, ladrões e traidores por comando do zodíaco; bêbados, mentirosos e adúlteros por forçada obediência a determinações dos planetas; como se toda a perversidade que há em nós fosse pura instigação divina. É a admirável desculpa do homem devasso – responsabiliza uma estrela por sua devassidão. Meu pai se entendeu com minha mãe sob a Cauda do Dragão e vim ao mundo sob a Ursa Maior; portanto devo ser lascivo e perverso. Bah! Eu seria o que sou, mesmo que a estrela mais virginal do firmamento tivesse iluminado a minha bastardia. Edgar! (*Entra Edgar.*) E eis que ele chega no momento exato, como a catástrofe das antigas comédias: o meu papel tem uma tristeza hipócrita, com grunhidos imitando um mendigo evadido de um hospício. Oh, esses eclipses previram todas as dissonâncias. Fá, sol, lá, mi.

Edgar: Que foi, mano Edmundo, em que grave meditação estás perdido?

Edmundo: Estava aqui pensando, irmão, numa profecia que li há pouco tempo, coisas que deveriam acontecer depois desses eclipses.

Edgar: E tu te preocupas com isso?

Edmundo: Infelizmente as coisas que o autor prevê estão acontecendo; como brutalidade entre pai e filho; morte, fome, rompimento de velhas amizades; divisões no estado; ameaças e maldições contra o Rei e os nobres; suspeitas infundadas: expulsão de amigos, deserção de tropas, infidelidades conjugais e não sei mais o quê.

Edgar: Desde quando aderiste à astrologia?

Edmundo: Hei, hei! Quando é que tu viste meu pai a última vez?

Edgar: A noite passada.

Edmundo: E falou com ele?

Edgar: Sim, duas horas seguidas.

Edmundo: E se despediram em bons termos? Não notaste nele nenhum sinal de contrariedade, uma atitude, uma ou outra palavra?

Edgar: Absolutamente nada.

Edmundo: Pois repensa bem em que possa tê-lo ofendido e aceita meu conselho; evita a presença dele um certo tempo, até diminuir um pouco o calor da sua fúria, a qual, neste momento, o transtorna a tal ponto que não se acalmaria mesmo que te aplicasse um castigo violento.

Edgar: Algum canalha me terá caluniado.

Edmundo: É o que eu receio. Peço-te contenção e paciência, até que diminua a violência do ódio dele; e faz como te digo: fica comigo em meu aposento, de onde, no momento devido, poderás ouvir tudo que nosso pai disser. Eu te imploro: vai. Eis minha chave. E se fores obrigado a te afastar de casa, sai armado.

Edgar: Armado, irmão?

Edmundo: Irmão, eu falo por teu bem; anda armado. Não sou um homem honesto se digo que há alguma coisa de bom pra ti em tudo isso. Eu te contei o que vi e ouvi; mas muito pálido. Nada que se assemelha à imagem e ao horror da coisa. Te peço, vai.

Edgar: Dá-me logo notícias?

Edmundo: Estou todo a teu serviço, neste caso. (*Edgar sai.*) Um pai crédulo, e um irmão nobre, cuja natureza está tão distante da maldade que nem acredita que ela exista; nessa honestidade idiota é fácil cavalgar a minha intriga. Já planejei tudo.

As terras que não tive no berço ganharei com a esperteza.
Justo pra mim é tudo que vem em minha defesa.

(*Sai.*)

Cena III

(*Um aposento no palácio do Duque de Albânia. Entram Goneril e seu mordomo Osvaldo.*)

Goneril: Meu pai bateu em meu fidalgo porque ele repreendeu o Bobo?

Osvaldo: Foi, senhora.

Goneril: Assim me agride ele dia e noite; a todo momento insulta e ofende, semeando a discórdia entre nós todos. Não aguento mais. Seus cavaleiros se tornam turbulentos e ele próprio nos repreende por qualquer ninharia. Quando voltar da caçada não falarei com ele. Diz que me sinto mal. Se vocês relaxarem os serviços farão muito bem; eu respondo por isso.

Osvaldo: É ele chegando, senhora. Estou ouvindo. (*Trombas de caça no interior.*)

Goneril: Assumam um ar de cansada negligência, tu e teus companheiros; gostaria mesmo que isso provocasse uma discussão. Se a ele não lhe agrada, que vá para a casa de minha irmã. Ela pensa exatamente como eu – não queremos mais ser tuteladas. É um velho inútil que pretende ainda exercer os poderes que já não lhe pertencem! Por minha vida, os velhos caducos voltam à infância,

> merecem repreensões e não carinho
> quando se vê que erram no caminho.

Não esqueças o que eu te disse...

Osvaldo: Muito bem, senhora.

Goneril: E que os cavaleiros dele, de ora em diante, encontrem em vocês só olhares de desdém: o que resultar disso não tem importância. Avisa os teus companheiros. Farei nascer daí, tenho certeza, uma boa ocasião para dizer o que sinto. Escreverei logo à minha irmã para que aja exatamente como eu ajo. E preparem o jantar. (*Saem.*)

CENA IV

(*Antessala no palácio do duque de Albânia. Entra Kent disfarçado.*)

KENT: Se eu também conseguir modificar os sons de minha voz, alterando o meu modo de falar, a minha boa intenção me fará realizar plenamente o objetivo que me levou a transformar meu aspecto. Agora, banido Kent, se puderes servir a quem te condenou – e espero que possas – o teu senhor, a quem amas, te encontrará pronto pra tudo. (*Trompas soam. Entram Lear, cavaleiro e séquito.*)

LEAR: Não me façam esperar nem um minuto pelo jantar; vão logo aprontá-lo! (*Sai serviçal.*) E então, quem és tu aí?

KENT: Um homem, senhor.

LEAR: Qual a tua profissão? Que desejas de nós?

KENT: A minha profissão, senhor, é não ser menos do que aquilo que pareço; é servir fielmente quem confiar que sou fiel; honrar quem é honrado; me associar com quem é sábio e fala pouco; temer a justiça; lutar quando não houver outra saída: e não comer pescado.

Lear: Quem és tu?

Kent: Alguém de coração extremamente honesto, senhor, e tão pobre quanto o Rei.

Lear: Se, como súdito, és tão pobre quanto ele é como Rei, então és mesmo pobre. O que é que desejas?

Kent: Serviço.

Lear: A quem queres servir?

Kent: Ao senhor.

Lear: E tu sabes quem sou, companheiro?

Kent: Não, meu senhor; mas há qualquer coisa em seu porte que me leva a querer tê-lo como amo e senhor.

Lear: Que coisa é essa?

Kent: A autoridade.

Lear: Que serviços podes prestar?

Kent: Sei guardar um segredo importante, montar a cavalo, correr a pé, estragar, ao contá-la, uma história interessante, e transmitir confusamente uma mensagem simples; enfim, tudo de que é capaz um homem comum: mas minha maior virtude é a ligeireza.

Lear: Qual é a tua idade?

Kent: Não sou tão novo, senhor, que ame uma mulher pelo seu canto;

> nem tão velho que me deixe levar pelo seu pranto:
> carrego nas costas quarenta e oito anos.

Lear: Vem comigo; serás meu servidor; se depois do jantar eu não gostar menos de ti, permitirei que fiques.

Jantar, oh, jantar?! Onde está esse patife – o meu Bobo? Vai, rapaz, vai chamar o meu Bobo. (*Sai um serviçal. Entra o mordomo, Osvaldo.*) Tu, tu aí, ô velhaco, onde está minha filha?

Osvaldo: Com vossa permissão... (*Sai.*)

Lear: Que é que ele disse, esse patife? Chamem de volta aqui esse idiota. (*Sai cavaleiro.*) Onde está meu Bobo? Que diabo, o mundo dorme!? (*Entra cavaleiro.*) Como é? Onde está esse bastardo?

Cavaleiro: Mandou dizer, senhor, que sua filha não está passando bem.

Lear: E por que o poltrão não me atendeu quando o chamei?

Cavaleiro: Senhor, me respondeu grosseiramente; que não atendeu porque não quis.

Lear: Por que não quis?

Cavaleiro: Meu senhor, não sei o que se passa mas, na minha opinião, Vossa Alteza não está sendo tratado com a cerimoniosa consideração que lhe é devida. Há uma enorme diminuição de cortesia por parte dos criados em geral, e talvez mais do próprio duque e sua esposa.

Lear: Ah! É o que tu dizes?

Cavaleiro: Suplico que me perdoe, senhor, caso eu me engane; mas minha consciência não pode silenciar quando o senhor está sendo ofendido.

Lear: Tu apenas reforças as minhas próprias suspeitas. Tenho notado, ultimamente, um descaso geral a meu respeito; coisa que preferi atribuir a uma excessiva susceptibilidade minha do que a intenções e propósitos grosseiros. Prestarei mais atenção. Mas onde está meu Bobo? Há dois dias não o vejo.

Cavaleiro: Desde que nossa jovem senhora partiu para a França, senhor, ele vem definhando.

Lear: Não precisa falar; já notei muito bem. Vai e diz a minha filha que quero falar com ela. (*O cavaleiro sai.*) E tu, chama aqui o meu Bobo. (*Sai um servidor, reentra Osvaldo.*) Hei, o senhor, cavalheiro. É, o senhor, chega aqui. Quem sou eu, cavalheiro?

Osvaldo: O pai de minha senhora.

Lear: "O pai de minha senhora!" A canalha da tua senhoria; animal sarnento, escravo, cão filho de uma puta!

Osvaldo: Eu não sou nada disso, meu senhor; queira me perdoar.

Lear: E ainda me olha assim, dessa maneira, seu velhaco? (*Bate nele.*)

Osvaldo: Não vou deixar que me batam, meu senhor.

Kent: Nem que o chutem também, vagabundo jogador de futebol? (*Dá-lhe uma rasteira.*)

Lear: Obrigado, companheiro; se me ajudas vou gostar de ti.

Kent: Vamos, rapaz, levanta e anda. Vou te ensinar o teu lugar; fora daqui. Fora! Ou pretende dar com o traseiro no chão mais uma vez? Vai – tem juízo! Assim. (*Empurra Osvaldo para fora.*)

Lear: Agora, patife amigo, te agradeço; pega aí esse adiantamento pelo teu serviço. (*Dá-lhe dinheiro. Entra o Bobo.*)

Bobo: Vou te recompensar também; pega aí o meu barrete. (*Oferece o barrete a Kent.*)

Lear: Como é que é, meu canalhinha? Estás bem?

Bobo: Meu amigo, se eu fosse o senhor aceitava o meu gorro.

Kent: Por que, Bobo?

Bobo: Por quê? Porque fica do lado de quem está em desgraça. Quem não sabe agradar segundo o vento que sopra, logo pega um resfriado. Vamos, bota o meu barrete. Vê, esse camarada aí baniu duas de suas filhas e, sem querer, fez a felicidade da terceira; se vais servi-lo, é claro que tens que usar o meu barrete. Como é, titio? – ah, se eu tivesse duas filhas e dois barretes!

Lear: O que, meu rapaz?

Bobo: Se eu desse a elas todas as minhas posses pelo menos ficaria com os barretes. Pega aí o meu e pede o outro às tuas filhas.

Lear: Mais cuidado, moleque – olha o chicote.

Bobo: A verdade é um cachorro que tem de ficar preso no canil. E deve ser posto fora de casa a chicotadas quando madame Cadela quer ficar calmamente fedendo junto ao fogo.

Lear: Pestilência irritante!

Bobo: Camarada, vou te ensinar uns provérbios.

Lear: Ensina.

Bobo: Presta atenção, titio:
Mostra menos os teus bens
No que sabes não te expandas

Empresta menos do que tens
Cavalga mais do que andas
Ouve na justa medida
Só arrisca o que não importa
Larga amantes e bebida
Tranca bem a tua porta:
E terás em cada vintena
Mais que o dobro da dezena.

Kent: Isso não é nada, Bobo.

Bobo: Então é como a voz de um advogado sem honorários – também não me deram nada pelo que falei. O senhor não sabe fazer nada com o nada, tiozinho?

Lear: Claro que não, rapaz; do nada não sai nada.

Bobo: (*A Kent.*) Por favor, diz a ele que isso é tudo que lhe rendem as terras que não tem – ele não vai acreditar num Bobo.

Lear: Um Bobo insolente.

Bobo: E tu sabes, menino, a diferença entre um bobo insolente e um bobo complacente?

Lear: Não, rapaz; me ensina.

Bobo: Quem aconselhou a ti
A tuas terras doar
Tem que vir ficar aqui:
Ou ficas tu no lugar.
O insolente e o complacente
Surgem juntos de repente;
Um com roupas de demente;
O outro na sua frente.

Lear: Estás me chamando de bobo, Bobo?

Bobo: Você abriu mão de todos os outros títulos; esse é de nascença.

Kent: Isso não é completamente bobo, meu senhor.

Bobo: Não, por minha fé, os senhores e os potentados não me permitiriam; não posso ter um monopólio da bobagem porque eles não abrem mão da parte deles. E as senhoras também não deixam a bobagem só pra mim: me arrancam à força. Titio, me dá um ovo que eu te dou duas coroas.

Lear: Que duas coroas são essas?

Bobo: Eis aqui, as duas cascas vazias,
Depois que parti o ovo ao meio
E comi o seu recheio.

Quando partiste ao meio tua coroa e doaste as duas partes, levaste o burro no lombo através do lamaçal. Não havia nenhum juízo nessa coroa careca ou não terias doado tua coroa de ouro. Ao dizer isto eu não falo como Bobo, mas se alguém perceber isso deve ser chicoteado como um bobo.

Os bobos perdem o emprego
Pois os sábios vieram em bando
E como não têm juízo
Vivem nos macaqueando.

Lear: Desde quando te encheste de canções, patife?

Bobo: Adquiri o hábito no dia em que transformaste tuas filhas em tuas mães; arriaste os calções e deste a elas a vara de marmelo. (*Canta*)

E aí elas choraram de súbita alegria
E eu me pus a cantar só de tristeza
Vendo o rei cabra-cega em correria
Mais um Bobo entre bobos sem defesa.

Eu te peço, titio, arranja um professor que ensine teu Bobo a mentir. Gostaria tanto de aprender.

Lear: Mente, vilão, que eu mando te açoitar.

Bobo: Eu gostaria de entender que espécie de parentesco existe entre ti e tuas filhas; elas ameaçam me espancar porque digo a verdade; tu mandas me açoitar porque minto; e algumas vezes apanho por não falar nada; eu queria ser qualquer outra coisa, menos Bobo, menos também ser tu, tiozinho. Repartiste teu juízo à esquerda e à direita e acabaste ficando sem nada no centro; olha aí uma das partes. (*Entra Goneril.*)

Lear: O que foi, minha filha? Por que estás com essa cara amarrada? Ultimamente você anda sempre assim.

Bobo: Tu eras bem mais Rei quando não precisavas te preocupar com a cara dela. Agora és apenas um zero à esquerda. Valho mais do que tu; pelo menos sou um Bobo – tu não és coisa nenhuma. (*A Goneril.*) Está bem, já sei, já vou calar o bico; é o que tua expressão me ordena embora não tenhas proferido uma palavra.

> Mas não ralha, não ralha:
> Quem não guarda o pão nem a migalha,
> Um dia, arrependido, quererá o que os valha.

(*Aponta Lear.*) Olha aí uma vagem oca.

Goneril: Senhor, não só este seu Bobo, a quem tudo é permitido, mas também outros, do seu séquito insolente, encontram a todos os momentos motivos de queixa e de provocações dando origem a violentos distúrbios, que não podem mais ser tolerados. Pensei, senhor, depois de o informar com precisão, que houvesse tomado medidas corretivas. Mas agora, depois do que o senhor mesmo disse e fez ultimamente, começo a temer que até protege esse tipo de conduta e a encoraja com a sua aprovação. Se for assim, essa falta não passará sem uma censura, nem poderemos deixar de aplicar um corretivo, no interesse do bem-estar de todos. Isso, que poderia lhe parecer ofensa, vergonha mesmo em outras circunstâncias, a necessidade agora nos impõe como medida de elementar prudência.

Bobo: Pois tu sabes, meu tio:

O pardal que alimentou o cuco com seu muco
Um dia teve a cabeça comida pelo cuco.

E assim se apagou a vela e ficamos todos no escuro.

Lear: Tu és nossa filha?

Goneril: Gostaria que o senhor usasse o seu bom senso, do qual sei que é bem-dotado, e que abandonasse os maus humores que há algum tempo o distanciam tanto do que o senhor realmente é.

Bobo: Será que um burro não percebe quando o carro vai à frente dos bois?

Hip, Hip, Joana, força, meu amor!

Lear: Tem alguém aqui que me conheça? Este aqui não é Lear. Lear anda desse jeito? Fala assim? Onde estão os olhos dele? Ou sua inteligência enfraqueceu ou tem o discernimento em letargia... Ah! Estou acordado? Não pode ser. Alguém é capaz de dizer quem eu sou?

Bobo: A sombra de Lear.

Lear: Gostaria de saber, pois, pelos sinais de soberania, inteligência e raciocínio, cheguei, erradamente, a me persuadir que tinha filhas.

Bobo: Que pretendem te transformar num pai obediente.

Lear: O seu nome, linda fidalga?

Goneril: Essa zombaria, senhor, tem o mesmo sabor de muitas de suas últimas infantilidades. Suplico que procure entender o verdadeiro sentido de minhas intenções. Velho e venerável, o senhor deveria ser também sensato. Tem aqui, entre cavaleiros e escudeiros, uma centena de homens, tão desordeiros, debochados, corruptos e violentos, que esta corte, infeccionada pelos seus costumes, se transformou num caravançarai de devassos. O gozo e a luxúria fazem este palácio se parecer mais com uma taverna e um lupanar do que com uma habitação honrada. Essa desgraça exige remédio imediato. O senhor tem de se convencer a diminuir bastante esse seu séquito e providenciar para que os que ainda ficarem a seu serviço sejam homens que conheçam o senhor como a si próprios, capazes pois de honrar a sua idade.

Lear: Trevas e demônios! Selem os meus cavalos; reúnam minha gente. Bastarda desgraçada! – não te darei mais incômodos; tenho ainda uma filha.

Goneril: O senhor agride meus criados; e essa escória dos seus homens trata como criados os seus superiores. (*Entra Albânia.*)

Lear: Desgraçado de quem se arrepende tarde demais. Ah, senhor, estás aí? É também tua vontade? Fala, senhor. Preparem meus cavalos. Ingratidão, demônio de coração de mármore, mais hediondo quando te mostras numa filha do que num monstro marinho.

Albânia: Por favor, senhor, tenha paciência.

Lear: Detestável abutre, tu mentiste. Meu séquito é feito de cavaleiros de escol e das mais altas virtudes, que conhecem todas as exigências do dever e cuidam da própria honra com extremo cuidado. Ah, aquela falta mínima, como me pareceu horrenda em minha Cordélia. Tu, como um instrumento de tortura, arrebentaste a estrutura do meu ser, esvaziaste meu coração de todo o amor e encheste-o de fel. Ó Lear, Lear, Lear! arromba essa porta (*bate na cabeça*) que deixou entrar tua loucura e pôs pra fora o teu melhor juízo... Vamos, vamos, minha gente.

Albânia: Meu senhor, estou tão inocente quanto ignorante do motivo de toda a sua ira.

Lear: Pode ser, meu senhor. Escuta, Natureza, escuta! Querida deusa, escuta: suspende tua intenção de tornar fecunda esta criatura. Enfia a esterilidade em suas entranhas; seca seu ventre, e que do seu corpo degradado não brote jamais um filho para honrá-la. Mas, se ainda assim conceber, nasça-lhe um filho cheio de fel, que sobreviva para ser o seu tormento perverso e monstruoso, que estampe de rugas seu rosto juvenil; escave canais em suas faces com as lágrimas candentes que a fará derramar; e retribua os seus sofrimentos e cuidados maternos com desprezo e escárnio para que ela saiba que mais doloroso do que o dente de uma cobra é ter um filho ingrato! Partamos, vamos. (*Sai.*)

Albânia: Pelos deuses que adoramos, que foi que aconteceu?

Goneril: Não te preocupes em saber mais nada; deixa ele desafogar o mau humor que a avançada idade justifica. (*Lear volta.*)

LEAR: Como!? Cinquenta dos meus homens num só golpe! Em apenas quinze dias?

ALBÂNIA: Que foi, senhor?

LEAR: Já te direi. (*A Goneril.*) Vida e morte! Me envergonho que tenhas o poder de abalar assim minha virilidade! Que sejas responsável por estas lágrimas quentes que me são arrancadas à força. Caiam sobre ti furacões e nevadas. As chagas incuráveis da maldição de um pai trespassem todos os teus sentidos. Oh, minhas cansadas e crédulas pupilas, se continuarem a chorar por este motivo eu as arrancarei das órbitas e, junto com as lágrimas que vertem, as misturarei à terra para fazer lama. Como chegamos a isto? Mas que assim seja. Eu tenho outra filha que, tenho certeza, é boa e prestativa. Quando souber do que fizeste marcará com as próprias unhas essa cara de loba. Verás que recuperarei o meu modo de ser que pensas que perdi para sempre. Verás, eu te garanto. (*Sai com Kent e séquito.*)

GONERIL: Ouviste isso?

ALBÂNIA: Goneril, eu não posso ser tão parcial, apesar do grande amor que te dedico.

GONERIL: Eu te peço, chega. Que foi, Osvaldo, hein? (*Ao Bobo.*) E o senhor, aí, mais canalha do que Bobo – com seu patrão!

BOBO: Tio Lear, tiozinho amigo,
Espera,
Leva teu bobo contigo.
Se eu pegasse uma raposa
Ou tivesse tal esposa
Eu trocava meu barrete

Por uma corda bem forte
Pra lhe dar uma boa morte.
Mas não é o caso agora;
É melhor eu ir embora.

Goneril: Esse homem foi bem aconselhado – cem cavaleiros! Não é sábio nem seguro deixá-lo manter cem cavaleiros armados e adestrados; sim, ao menor desvario, à menor intriga, capricho, queixa ou antipatia, ele pode muito bem defender sua senilidade com essas forças e dispor de nossas vidas à vontade. Vem cá, Osvaldo!

Albânia: Teu temor talvez seja excessivo.

Goneril: É melhor do que confiança excessiva. Prefiro destruir os males que receio, do que recear que eles me destruam. Conheço o seu coração. Tudo que ele disse eu já escrevi a minha irmã. Se ela der abrigo a ele e aos cem cavaleiros, depois de tê-la advertido das inconveniências... (*Entra Osvaldo.*) Então, Osvaldo? Escreveste a carta para minha irmã?

Osvaldo: Sim, minha senhora.

Goneril: Então pega uma escolta, e a cavalo! Explica-lhe plenamente meu temor pessoal; e acrescenta tuas próprias razões tornando tudo mais consistente. Vai logo e volta o mais depressa. (*Sai Osvaldo.*) Não, não, meu senhor, eu não reprovo a suavidade e a gentileza do seu comportamento, mas, com seu perdão, acredite que é muito mais criticado por sua falta de firmeza do que louvado por sua perigosa indulgência.

Albânia: Não sei se seus olhos veem bem em redor;
É comum perder-se o bom por querer o melhor.

Goneril: Mas então...

Albânia: Bem, bem, vamos ver... (*Saem.*)

Cena V

(*Pátio diante do mesmo palácio. Entram Lear, Kent e o Bobo.*)

Lear: Tu vais na frente com estas cartas para Gloucester. Não digas a minha filha senão estritamente o que ela perguntar a respeito da carta. Se não fores de uma rapidez extrema eu chegarei lá antes de ti.

Kent: Não dormirei, meu senhor, antes desta carta chegar a seu destino. (*Sai.*)

Bobo: Se o cérebro do homem estivesse nos pés, não haveria o perigo de pegar frieiras?

Lear: Claro, rapaz.

Bobo: Então fica contente – teu espírito nunca vai calçar chinelos.

Lear: Ha, ha, ha.

Bobo: Verás que a tua outra filha te tratará filialmente, pois embora se pareça com esta tanto quanto uma maçã selvagem se parece com uma maçã cultivada, eu digo o que te digo.

Lear: E o que é que tu me dizes, patife?

Bobo: Que aquela terá o mesmo gosto desta como uma maçã tem o mesmo sabor de outra maçã. Sabes por que é que o nariz fica no meio da cara?

Lear: Não.

Bobo: Ora, pra cada olho ficar de um lado do nariz, de modo que o que não podemos cheirar nós espiamos.

Lear: Fui injusto com ela...

Bobo: Sabes como é que a ostra faz a concha?

Lear: Não.

Bobo: Eu também não; mas posso te dizer por que o caracol tem uma casca.

Lear: Por quê?

Bobo: Ora, pra guardar a cabeça lá dentro. Ou tu achas que é pra dá-la às filhas e ficar com os cornos sem abrigo?

Lear: Preciso esquecer o meu afeto; um pai tão amoroso! Meus cavalos estão prontos?

Bobo: Os teus burros foram buscar. A razão por que as sete estrelas são apenas sete é muito interessantíssima.

Lear: Por que não são oito?

Bobo: Isso mesmo. Tu darias um bom Bobo.

Lear: E se retomasse tudo pela força?... Monstruosa ingratidão!

Bobo: Se tu fosses meu Bobo, titio, ias apanhar muito pra aprender a não ficar velho antes do tempo.

Lear: Como assim?

Bobo: Tu não devias ter ficado velho antes de ter ficado sábio.

Lear: Não permita que eu fique louco, oh, louco não,

céu bendito! Conserva a minha razão; eu não quero ficar louco! (*Entra fidalgo.*) Então, os cavaleiros estão prontos?

Fidalgo: Prontos, meu senhor.

Lear: Vamos, rapaz.

Bobo: (*Para o público.*)
Moças aí que são virgens
E riem destas tiradas
Entendam bem o que eu digo,
Ou não serão desvirginadas. (*Saem.*)

FIM DO PRIMEIRO ATO

ATO II

CENA I

(*Pátio no castelo de Gloucester. Entram Edmundo, o bastardo, e Curan, e se encontram.*)

EDMUNDO: Deus o tenha, Curan.

CURAN: E ao senhor também. Estive com seu pai e o informei de que o duque de Cornualha e a duquesa Regana chegarão esta noite.

EDMUNDO: Como assim?

CURAN: Que sei eu? O senhor já ouviu as notícias que correm por aí. Eu digo; esses boatos, coisas que até agora são apenas murmúrios de ouvido em ouvido.

EDMUNDO: Não ouvi nada. Por favor, me informe.

CURAN: Não ouviu falar de uma guerra provável e iminente entre o duque de Cornualha e o da Albânia?

EDMUNDO: Nem uma palavra.

CURAN: Mas vai ouvir na certa, em breve. Passe bem, senhor. (*Sai.*)

EDMUNDO: O duque aqui esta noite? O melhor melhora! Mais um fio que reforça a minha trama. Meu pai pôs guardas atrás de meu irmão; meu papel é difícil; devo representá-lo com cuidado. Rapidez e boa sorte – mãos à obra! Meu irmão; uma palavra! Desce aqui! Meu irmão, estou chamando! (*Entra Edgar.*) Meu pai vigia. Amigo, foge deste lugar. Já descobriram onde estás escondido; tens, agora, a valiosa proteção da noite. Falaste alguma coisa contra o duque de Cornualha? Ele vem para cá, ainda esta noite, a toda pressa, e Regana com ele; não disseste nada a favor dele e contra o duque de Albânia? Pensa bem.

Edgar: Estou seguro – não disse uma palavra.

Edmundo: Ouço meu pai chegando. Me perdoa; tenho que recorrer à astúcia e desembainhar minha espada contra ti; puxa a tua também e finge defender-te; vamos, simulação perfeita! Rende-te! Vou te entregar a meu pai! Luzes aqui, hei! Foge, meu irmão! Tochas, as tochas! Agora, adeus! (*Sai Edgar.*) Um pouco de sangue de mim mesmo os levará a acreditar que a luta foi violenta; (*fere o próprio braço*) já vi bêbados fazerem mais que isso por pura brincadeira. Pai! Pai! Pega, pega! Ninguém me ajuda? (*Entram Gloucester e criados, com archotes.*)

Gloucester: Muito bem, Edmundo, onde está o canalha?

Edmundo: Estava aí no escuro, empunhando a espada afiada, ruminando cabalísticas maldições, conjurando a lua para ser sua madrinha e protetora.

Gloucester: Mas aonde é que ele foi?

Edmundo: Repare, senhor, estou sangrando.

Gloucester: Edmundo, onde está esse canalha?

Edmundo: Fugiu por ali, senhor (*aponta na direção errada*), quando viu que não ia conseguir de modo algum...

Gloucester: Persigam-no, olá! Atrás dele! (*Saem alguns criados.*) "Não ia conseguir de modo algum"... o quê?

Edmundo: Me persuadir a assassinar Vossa Senhoria. Eu o adverti que os deuses vingadores atiram todos os seus raios contra os parricidas; lembrei-lhe dos vínculos múltiplos e fortes que ligam o filho ao pai; em resumo, senhor, vendo a repugnância com que eu me opunha à sua intenção desnaturada, ele, num ímpeto feroz, já com a espada pronta, atacou a fundo o meu corpo indefeso, e me feriu no braço... Mas, assim que percebeu crescerem no combate os meus sentidos despertos pela justiça da causa – ou porque o assustasse o barulho que fiz –, fugiu subitamente.

Gloucester: Que vá para bem longe. Não ficará nestas terras sem ser capturado. E, encontrado – morto! O nobre duque, meu senhor, digno chefe e protetor, chega esta noite. Com sua autorização farei apregoar que quem encontrar o traidor, levando ao patíbulo o covarde assassino, merecerá a nossa gratidão. Para quem o esconder, a morte.

Edmundo: Quando tentei dissuadi-lo e vi que estava decidido a ir até o fim, com palavras violentas ameacei denunciá-lo. Ele respondeu: "Tu crês, bastardo deserdado, que se eu me erguesse contra ti, a existência de qualquer valor, virtude ou lealdade em ti tornaria as tuas palavras confiáveis? Não; por menos que eu negasse (e negaria, mesmo que você apresentasse uma confissão escrita por minha própria mão) eu faria crer que tudo é ideia tua, um plano, uma intriga diabólica. Terias de imbecilizar o mundo todo para que ninguém percebesse que as vantagens da minha morte são motivos claros e suficientes para você desejá-la".

Gloucester: Estranho e rematado canalha! Negaria então sua própria carta? Eu gerei isso? (*Trompas soam no interior.*) Ouve, as trombetas do duque. Não sei o que ele vem fazer aqui. Mandem fechar todas as saídas: o traidor não escapará; o duque vai ter de me apoiar. Mandarei a descrição do canalha para todos os lugares, próximos e distantes, a fim de que todo o reino possa identificá-lo; e quanto às minhas terras, filho leal e natural, providenciarei para que sejas o herdeiro. (*Entram Cornualha, Regana e séquito.*)

Cornualha: Então, meu pobre amigo? Desde que aqui cheguei – e pode-se dizer que foi agora – tenho ouvido notícias muito estranhas.

Regana: Se forem verdadeiras, toda vingança é pouca para punir o culpado. Como está o senhor?

Gloucester: Oh, senhora, com meu velho coração despedaçado, é, despedaçado.

Regana: Como? O afilhado de meu pai atentou contra sua vida? Aquele a quem meu pai deu o nome? O seu filho Edgar?

Gloucester: Oh, senhora, senhora – eu devia ocultar, só de vergonha.

Regana: Ele não era companheiro desses cavaleiros devassos que protegem meu pai?

Gloucester: Eu não sei, senhora. É terrível, é terrível.

Edmundo: É verdade, senhora, pertencia a essa cambada.

REGANA: Não admira então que tenha tais intenções; foram eles que o induziram a querer a morte do velho para pilhar e consumir suas rendas. Esta tarde mesmo minha irmã me mandou informações sobre eles, com tais recomendações de prudência que, se vierem se instalar em minha casa, eu não estarei lá.

CORNUALHA: Nem eu, Regana, te garanto. Edmundo, sei que deste a teu pai uma prova de devoção filial.

EDMUNDO: Apenas o meu dever, senhor.

GLOUCESTER: Descobriu a traição do outro e, ao tentar prendê-lo, recebeu o ferimento que aí veem.

CORNUALHA: Mandou persegui-lo?

GLOUCESTER: Mandei, meu bom senhor.

CORNUALHA: Se for preso, não deveremos voltar a temer sua vilania; faça o que bem entender, use como quiser a minha autoridade. Quanto a você, Edmundo, cuja virtude e obediência tanto se recomendam por si próprias neste instante, és um dos nossos; é de naturezas assim, profundamente leais, que estamos precisando. Ficas conosco, imediatamente.

EDMUNDO: Senhor, eu o servirei fielmente; e acima de tudo.

GLOUCESTER: Agradeço a Vossa Graça em nome dele.

CORNUALHA: Não sabe por que viemos visitá-lo...

REGANA: ...assim, fora de hora, abrindo caminho pela noite cega. Assuntos, nobre Gloucester, de razoável importância e para os quais necessitamos teu conselho. Nosso pai nos escreveu, e nossa irmã também, sobre divergências de tal ordem que achei mais prudente não responder lá de casa: vários mensageiros estão aí fora esperando nossa decisão. Bom e velho amigo, acalma teu coração e dá teu conselho, imprescindível ao nosso problema, que exige uma ação imediata.

Gloucester: A seu serviço, senhora. Vossas Graças são realmente bem-vindas. (*Saem. Fanfarras.*)

Cena II

(*Diante do Castelo de Gloucester. Entram Kent e o mordomo Osvaldo, cada um por um lado.*)

Osvaldo: Bom dia, amigo; pertences a esta casa?

Kent: Pertenço.

Osvaldo: Onde podemos botar nossos cavalos?

Kent: No pântano.

Osvaldo: Por favor, me diz, bom amigo.

Kent: Eu não sou teu amigo.

Osvaldo: Pois então também não sou teu.

Kent: Se eu te pegasse ali no curral eu te faria meu.

Osvaldo: Por que me tratas assim? Eu nem te conheço.

Kent: Mas eu te conheço, camarada.

Osvaldo: Por quem você me toma?

Kent: Por um canalha, um patife, um comedor de restos; um velhaco arrogante, estúpido, indigente, apenas com três roupas, não mais de cem libras e meias fedorentas, um filho da puta covarde, sem sangue no fígado, que foge da luta e se queixa à justiça; trapaceiro afeminado e sabujo. Um escravo que herdou apenas um baú, que presta qualquer serviço numa alcova, um alcoviteiro; no fim, uma mistura de canalha, mendigo, covarde, rufião, filho e herdeiro de uma cadela bastarda; a quem eu espancarei até que estoure em berros, se negar a menor sílaba destes títulos.

Osvaldo: Mas que monstruoso indivíduo tu és, para ultrajar de tal forma uma pessoa que não conheces e não te conhece!

Kent: E que lacaio de cara de bronze tu és para negar que me conheces? Há dois dias atrás não te joguei no chão de pernas para o ar e te surrei diante do Rei? (*Puxa a espada.*) Desembainha, velhaco! pois, embora seja noite, a lua brilha; e vou fazer de ti uma papa ao clarão da lua. Saca da espada, filho da puta, nojento podabarbas – em guarda!

Osvaldo: Vai embora; não tenho nada a tratar contigo.

Kent: Saca da espada, canalha; vieste trazer cartas contra o Rei e estás do lado da boneca Vaidade contra a realeza do pai dela. Tira essa espada, escroque, ou tuas patas viram picadinho. Desembainha, patife, e enfrenta a luta.

Osvaldo: Socorro aí! Assassino! Socorro!

Kent: Defende-te, escravo! Em guarda, miserável. Não fujas não, mais que escravo – golpeia, vamos! (*Bate em Osvaldo.*)

Osvaldo: Alguém aí, socorro! Assassino! Assassino!

(*Entra Edmundo, com a espada desembainhada, seguido de Cornualha, Regana, Gloucester e criados.*)

Edmundo: O que é que foi? Que aconteceu? Solta! (*Separa os dois.*)

Kent: A vez agora é tua, bonito patrãozinho; faz favor. Vem que eu vou te ensinar o primeiro gosto de sangue; avança, patrãozinho.

Gloucester: Espadas? Armas? O que é que está acontecendo aqui?

Cornualha: Parem com isso, paz – se têm amor à vida. Quem der só mais um golpe é um homem morto. Que aconteceu?

Regana: São os mensageiros do Rei e de nossa irmã.

Cornualha: Qual é a divergência entre vocês? Falem.

Osvaldo: Eu mal posso respirar, meu senhor.

Kent: Não admira, depois de exercitar tanto a tua coragem. Canalha covarde, a natureza te renega; foi um alfaiate quem te fez?

Cornualha: És um indivíduo estranho; um alfaiate faz um homem?

Kent: Um alfaiate, senhor; um escultor ou um pintor não poderiam tê-lo feito assim tão mal, mesmo que fossem simples aprendizes.

Cornualha: Mas, conta; como é que começou essa disputa?

Osvaldo: Esse velho desordeiro, senhor, cuja vida eu poupei em respeito às suas barbas brancas...

Kent: Tu, "zê" filho da puta, letra desnecessária! Meu senhor, se o senhor me permitir, vou triturar este vilão grosseiro e fazer dele massa para rebocar paredes de latrina. Respeitar minhas barbas? Pavão afeminado!

CORNUALHA: Silêncio, idiota! Patife irracional, não sabes o que é o respeito?

KENT: Sei, meu senhor; mas a raiva tem seus privilégios.

CORNUALHA: E por que essa raiva?

KENT: Porque vejo um patife como esse ter uma espada, não tendo um mínimo de honra para defender. São os sorridentes canalhas dessa espécie que tantas vezes, como ratos, roem em dois os laços sagrados que, justamente por serem muito sólidos, é impossível desatar; lisonjeiam todas as paixões que habitam na alma dos seus senhores; jogam azeite no fogo, neve nos seus sentimentos mais gelados; ora negam, ora afirmam, e giram seu bico de gavião conforme sopra o vento; e mudam aos caprichos dos patrões, não sabendo senão seguir os donos, como os cães. Caia uma peste em tua cara de epilético! Sorris de minhas palavras, como se eu fosse um imbecil? Ganso, se eu te pegasse na planície de Sarum te levaria cacarejando até teu galinheiro, em Camelot.

CORNUALHA: Que é isso, está louco, meu velho? Está?

GLOUCESTER: Como começou essa briga? Conta.

KENT: Não há adversários que se antipatizem mais do que eu e esse patife.

CORNUALHA: Por que o chama assim? Qual é o seu crime?

KENT: Não vou com a cara dele.

Cornualha: Nem vai com a minha, talvez, nem com a dele, nem com a dela.

Kent: Senhor, meu natural é ser franco; já vi em minha vida caras melhores do que as que estão nesse instante em minha frente, nesses ombros.

Cornualha: Deve ser um desses pobres-diabos que, uma vez louvado por não ter papas na língua, passa a usar sempre uma franqueza insolente, forçando a própria natureza. Ele é incapaz de adular, ele só! Um espírito simples e honesto; só fala a verdade verdadeira! Se os outros o aceitam, muito bem; se não, ele foi franco! Eu conheço esse tipo de canalha que, em sua franqueza, esconde mais perfídia e corrupção do que vinte bajuladores cheios de salamaleques indecentes se matando para exercer seu servilismo.

Kent: Senhor, em boa-fé, verdade sinceríssima, com permissão de sua imponente figura, cuja influência, como a flamejante grinalda de fogo fulgurando na fronte de Febo...

Cornualha: O que é que quer dizer isso?

Kent: Mudando o meu estilo, senhor, que tanto o desagrada. Eu sei, acredite, que não sou um bajulador. Quem enganou o senhor com seu tom de franqueza era um franco velhaco; coisa que eu, de minha parte, jamais seria, mesmo que o não sê-lo me dê a certeza de obter seu desagrado.

Cornualha: Em que foi que você o ofendeu?

Osvaldo: Em nada. Nunca. Faz pouco tempo, o Rei, seu amo, achou por bem me bater, por um mal-entendido dele; foi quando esse aí se juntou ao Rei e, insuflando sua cólera, me deu um pontapé. Eu caído, insultado, ridicularizado, ele se aproveitou para assumir uma atitude de tal masculinidade, quase de herói; e conseguiu os elogios do Rei, por atentar contra a vida de um homem sem defesa. E foi ainda excitado por essa façanha grosseira que ele aqui tirou de novo a espada contra mim.

Kent: Não há um malandro e covarde desses que não pretenda ser mais esperto do que Ajax.

Cornualha: Tragam o tronco! Velho canalha e trapaceiro, venerável farsante, nós te ensinaremos.

Kent: Senhor, sou velho demais para aprender; não mande trazer o cepo para mim, pois eu sirvo ao Rei – e foi ele quem me mandou aqui falar com Vossa Senhoria. Seria de pouco respeito, prova de maldoso atrevimento contra a graça e a pessoa do meu amo, entroncar seu mensageiro.

Cornualha: Tragam logo o cepo. Tão certo quanto eu ter vida e honra ele ficará aí até o meio-dia.

Regana: Até o meio-dia? Até a noite, meu senhor, e a noite toda.

Kent: Olha, senhora, se eu fosse o cão do seu pai, a senhora não me trataria dessa forma.

Regana: Mas trato, porque és apenas seu lacaio.

Cornualha: Esse homem é da mesma raça dos outros de que fala nossa irmã. Vamos, ponham o tronco aqui. (*Trazem o tronco.*)

Gloucester: Permita que eu rogue a Vossa Graça para não fazer isso. A falta dele é grave, mas o Rei, seu patrão, saberá castigá-lo. O castigo humilhante que pretende aplicar-lhe é punição reservada apenas para os criminosos mais vis e miseráveis, culpados de furtos e delitos da mais baixa espécie. O Rei vai se sentir ofendido na pessoa desse seu mensageiro, ao vê-lo submetido a tal vexame.

Cornualha: Eu respondo por isso.

Regana: Minha irmã pode achar pior ainda que um cavaleiro seu tenha sido ultrajado e agredido ao cumprir suas ordens. Enfiem as pernas dele! (*Kent é colocado no tronco.*)

Cornualha: Vamos, meu senhor, vamos embora. (*Saem todos, menos Gloucester e Kent.*)

Gloucester: Lamento por ti, amigo; é um capricho do duque, cujo temperamento, todo mundo conhece, não admite oposição nem obstáculos: mas intercederei por ti.

Kent: Por favor, não faça isso, meu senhor. Não tenho dormido, pois a viagem foi dura. Vou dormir uma parte do tempo e assobiar a outra. Quem sabe a fortuna de um homem começa pelos calcanhares? Deus lhe dê um bom-dia.

Gloucester: O duque não agiu bem; isto vai acabar mal. (*Sai.*)

Kent: Bom Rei, tens de confirmar o dito popular: "Um dia o frescor do céu, noutro um sol infernal". Aproxima-te, farol deste mundo inferior, para que, com a ajuda de teus raios, eu possa ler esta carta. Só mesmo a desventura é capaz de ver milagres. Sei que isso vem de Cordélia, que, por sorte, foi informada do meu procedimento secreto e espera o momento para remediar esse estado de coisas monstruoso. Ó, meus olhos pesados, tirem vantagem do extremo cansaço da vigília para não ver a vergonha deste alojamento. Fortuna, boa noite: sorri mais uma vez; gira tua roda. (*Dorme.*)

Cena III

(*Na mata. Entra Edgar.*)

Edgar: Ouvi gritarem meu nome e, graças ao oco propício de uma árvore, escapei à caçada. Não há saída, nenhum lugar onde um guarda e a mais rigorosa vigilância não procurem prender-me. Enquanto estou livre devo arranjar um meio de salvar minha vida. Estou resolvido a assumir a aparência mais vulgar e miserável, o limite em que a miséria, na sua degradação do homem, o aproxima do animal. Sujarei meu rosto com estrume, enrolarei trapos na cintura, como os duendes darei nós nos meus cabelos e, expondo minha nudez, afrontar os ventos e as inclemências do céu. O lugar me oferece exemplos e modelos – os mendigos do hospício de Bedlam, com berros horripilantes, enfiam, nos braços nus, intumescidos e dormentes, alfinetes, espinhos, pregos, farpas de árvore e, com esse horrível aspecto, percorrem granjas pobres, aldeias miseráveis, currais e moinhos e, às vezes com imprecações lunáticas, outras com orações, forçam a caridade dos que encontram. Ser um pobre maltrapilho, um pobre Tom, ainda é alguma coisa. Edgar já não é nada. (*Sai.*)

CENA IV

(*Em frente ao castelo de Gloucester. Kent no tronco. Entram Lear, o Bobo e um cavalheiro.*)

LEAR: É estranho que tenham partido assim, sem mandar de volta o mensageiro.

CAVALEIRO: À noite passada eles não tinham a menor intenção de ir embora.

KENT: Saúdo a ti, meu nobre amo.

LEAR: O quê? Tu te divertes com essa ignomínia?

KENT: Não, meu senhor.

BOBO: Ele não liga porque as ligas estão apertadas. Os cavalos são amarrados na cabeça, pelo pescoço os cães e os ursos, os macacos pelo ventre e os homens pelas pernas. Quando alguém tem as pernas muito ágeis obrigam-no a usar meias de pau.

LEAR: Quem foi que de tal forma ignorou tua posição e te colocou nesse lugar?

KENT: Ele e ela; teu filho e tua filha.

LEAR: Não.

KENT: Sim.

LEAR: Não, eu digo.

KENT: Eu digo sim.

LEAR: Não, não; não o fariam.

KENT: Sim, o fizeram.

LEAR: Digo que não, por Júpiter.

KENT: Por Juno, juro que sim!

LEAR: Eles não ousariam, eles não poderiam, eles nunca o fariam. É pior que um assassinato praticar deliberadamente afronta tão violenta. Explica, rápido, o que fizeste para merecer tal tratamento e como eles se atreveram, sabendo que fomos nós que te enviamos.

KENT: Meu senhor, quando cheguei na casa deles, e entreguei as cartas de Vossa Alteza, antes mesmo que pudesse me erguer do local em que estava respeitosamente ajoelhado, chegou um outro correio fumegante, cozido pelo suor da própria pressa; quase sem ar arquejou saudações mandadas por Goneril, sua patroa, e, sem se preocupar com a intromissão, entregou cartas que eles leram num instante. Em vista do conteúdo reuniram os servidores, montaram logo a cavalo, me ordenaram que os seguisse e esperasse com calma uma resposta, enquanto me olhavam com frieza. Ao encontrar aqui o outro mensageiro, cuja boa acolhida percebi que tinha envenenado a minha – era o mesmo indivíduo que há pouco tempo foi tão insolente para com Vossa Alteza – eu, sentindo dentro de mim a hombridade vencer o bom senso, puxei fora a minha espada. Ele acordou toda a casa com seus berros de medo. Teu filho e tua filha acharam que essa ofensa merecia a vergonha que aqui sofro.

BOBO: O inverno ainda não acabou se os gansos selvagens voam nessa direção.

> Pai que anda esmolambado
> O filho é cego, o desgraçado.
> Mas se tem o burro do dinheiro

O filho é quem o vê primeiro.
A fortuna é puta nobre
Nunca abre para um pobre.
Seja como for, este ano tuas filhas
vão te dar mais dolores do que dólares.

Lear: Oh, como esta ânsia me enche o coração! Fora de meu peito, *histérica pássio*! baixa, ó angústia crescente. Onde está a minha filha?

Kent: Com o conde, senhor, aí dentro.

Lear: Ninguém me siga; fiquem aqui. (*Sai.*)

Cavaleiro: Não fizeste outra ofensa além do que contaste?

Kent: Nenhuma. Mas por que o Rei veio com tão poucos homens?

Bobo: Se você tivesse sido colocado aí no tronco por essa pergunta, bem que merecia.

Kent: Por que, Bobo?

Bobo: Te mandaremos na escola da formiga para aprenderes que não se trabalha no inverno. Todos os que vão atrás do próprio nariz são guiados pelos próprios olhos, exceto os cegos; e só um nariz em vinte é incapaz de sentir o fedor da má fortuna. Quando uma roda grande despenca pelo morro, larga o comando senão tu quebras o pescoço, arrastado por ela. Mas se a roda grande sobe o morro, deixa que ela te puxe morro acima. Se um sábio te der melhor conselho do que este, devolve o meu. Eu gostaria que só patifes seguissem esse conselho, já que é um bobo que aconselha.

Quem só serve por ganância
E apenas finge lealdade
Se vê chuva faz a trouxa
Te deixa na tempestade.
Mas eu não partirei. O Bobo fica;
O homem sensato é que abdica.
O patife que foge vira bobo;
Nunca é patife, o Bobo que fica.

KENT: Onde foi que aprendeste isso, Bobo?

BOBO: Aí no tronco não foi, bobo. (*Entram Lear e Gloucester.*)

LEAR: Recusam falar comigo? Estão doentes, estão cansados, viajaram a noite inteira? Desculpas frouxas, sinais de revolta e deserção! Eu exijo explicação melhor.

GLOUCESTER: Meu caro senhor, o senhor conhece o temperamento colérico do duque. Como ele é inflexível e obstinado nas suas decisões.

LEAR: Vingança! Peste! Morte! Confusão! "Colérico"? Que "temperamento"? Bom, Gloucester, Gloucester, eu gostaria de falar ao duque de Cornualha e sua esposa.

GLOUCESTER: Bem, meu caro senhor, eu já os informei.

LEAR: Informou! Está me entendendo, homem?

GLOUCESTER: Sim, meu bom senhor.

LEAR: O Rei gostaria de falar com Cornualha; o estremecido pai gostaria de falar à sua filha; e exige obediência. Eles estão informados disso? Pelo ar que respiro e por meu sangue! "Colérico", é? "O colérico duque"? Diga ao fogoso duque que – não, ainda não, talvez não esteja passando bem. A doença falta sempre a obrigações que a saúde não pode ignorar. Já não somos nós mesmos quando a natureza oprimida obriga o espírito a padecer com o corpo. Terei paciência; meu lado mais precipitado me levou a julgar como são um homem indisposto e doente. (*Olhando Kent.*) Morte à minha realeza! Por que o puseram aí? Esse ato me convence de que a partida do duque e da mulher é somente uma manobra. Libertem meu servidor agora mesmo. Vai dizer ao duque e à sua mulher que quero falar com os dois, mas sem demora! Agora, já! Que venham aqui e me escutem ou ficarei batendo um tambor na porta deles até que o barulho lhes mate o sono.

Gloucester: Gostaria que tudo voltasse à paz entre os senhores. (*Sai.*)

Lear: Ai de mim! meu coração, meu coração sufoca! Calma!

Bobo: Grita com ele, titio, como a cozinheira gritava com as enguias quando as metia vivinhas na massa do pastel. Dava-lhes uma paulada na cabeça e gritava: "Para baixo, suas vagabundas, para baixo!" E o irmão dela gostava tanto do próprio cavalo que só lhe dava feno com manteiga. (*Entram Cornualha, Regana, Gloucester, criados.*)

Lear: Bom dia para ambos.

Cornualha: Salve, Vossa Graça. (*Kent é posto em liberdade.*)

Regana: Estou contente em ver vossa Alteza.

Lear: Regana, acredito que esteja – e tenho minha razão para acreditar. Se não estivesse contente eu me divorciaria da tumba da tua mãe, pois seria a sepultura de uma adúltera. (*A Kent.*) Ah, estás livre? Trataremos disso noutra ocasião. Bem, amada Regana, tua irmã é uma depravada. Ó, Regana, como um abutre ela enterrou aqui o afiado bico da ingratidão. Mal consigo falar. Você nem pode imaginar como tua irmã foi perversa, ó, Regana!

Regana: Eu lhe rogo, senhor, tenha paciência. Espero que o senhor é quem esteja avaliando mal seus méritos e não ela faltando a seus deveres.

Lear: Que dizes? Como assim?

Regana: Não posso acreditar que minha irmã esqueça a menor de suas obrigações. Se por acaso, senhor, ela reprimiu a violência de seus homens, deve ter feito isso com excelentes motivos e com intenções tão salutares que a colocam acima de qualquer censura.

Lear: Minha maldição sobre ela!

Regana: Oh, senhor, o senhor está velho; a natureza em seu corpo já atingiu o seu limite extremo; deveria deixar-se guiar e governar pelo discernimento de alguém capaz de compreender sua condição melhor do que o senhor mesmo. Por isso eu lhe peço que retorne para junto de nossa irmã; e confesse que foi injusto para com ela.

Lear: Pedir-lhe perdão? Repara como isto condiz com a dignidade da realeza: "Querida filha, confesso que estou velho." (*Ajoelha.*) "E a velhice é inútil. Imploro de joelhos que se digne me conceder roupa, cama e mesa".

Regana: Bom senhor, não prossiga. É uma brincadeira de mau gosto. Volte à casa de minha irmã.

Lear: (*Levanta-se.*) Nunca, Regana. Ela já reduziu à metade a minha escolta, me olhou com olhares de desprezo, e, com sua língua de víbora, trespassou meu coração. Que todas as reservas de castigos do céu caiam sobre a sua cabeça ingrata! Sopros de ventos pestilentos infectem a medula dos ossos dos filhos que tiver.

Cornualha: Basta, senhor, basta!

Lear: Relâmpagos velozes ceguem com suas chamas seus olhos insolentes! Que o miasma aspirado dos pântanos pelo sol poderoso corroa de varíolas sua beleza, humilhando e destruindo seu orgulho.

Regana: Oh, deuses benditos! O senhor me amaldiçoará do mesmo modo quando tiver outro acesso de ódio.

Lear: Não, Regana, jamais terás minha maldição. Tua natureza cheia de ternura não te deixará cair na crueldade. É feroz o olhar de tua irmã; teus olhos tranquilizam e não queimam. Não está em ti limitar meus prazeres, reduzir o meu séquito, me atirar palavras ofensivas, restringir meus gastos e, por fim, impedir minha entrada com um ferrolho na porta. Tu conheces melhor os deveres naturais, os laços filiais, regras de cortesia, as dívidas da gratidão. Tu não esqueceste que te dei como dote metade do meu reino.

Regana: Bom, senhor, ao assunto.

Lear: Quem colocou meu homem nesse tronco? (*Trombetas lá dentro.*)

Cornualha: De quem é essa trombeta?

Regana: Eu conheço – é de minha irmã. Confirma a carta em que dizia que breve estaria aqui. (*Entra Osvaldo.*) Já chegou a sua senhora?

Lear: Eis aí esse escravo cuja arrogância de aluguel barato se apoia na leviana proteção daquela a quem se aluga. Fora, vagabundo, sai da minha frente!

Cornualha: Que quer dizer Vossa Graça?

Lear: Quem colocou no tronco o meu correio? Regana, espero que não saibas nada sobre isso. (*Entra Goneril.*) Quem vem lá? Ó, Deus! Se tens amor aos velhos, se tua pacífica autoridade recomenda a obediência, se tu próprio és velho, faz da minha a tua causa, manda alguém em meu auxílio, toma meu partido. (*A Goneril.*) Tu não tens vergonha de olhar para estas barbas? Ó, Regana, lhe darás tua mão?

Goneril: Por que não me dar a mão, senhor? Que crime eu cometi? Não é crime tudo que o desatino chama crime nem o que a senilidade chama assim.

Lear: Meu peito, como és forte! Resistirás até quando? Quem pôs meu servidor no tronco?

Cornualha: Eu o pus ali, senhor; mas as desordens que fez mereciam menor condescendência.

Lear: Tu? Fizeste isso?

Regana: Eu lhe peço, meu pai, o senhor está debilitado, não esconda. Se o senhor quiser voltar para minha irmã e ficar com ela até o final do seu mês, dispensando metade de seus homens, poderá então ficar comigo. Agora estou fora de casa e sem as provisões necessárias para acolher o senhor devidamente.

Lear: Voltar para ela e dispensar cinquenta homens? Não, renuncio primeiro a todo e qualquer teto; prefiro enfrentar a inclemência do tempo, ser companheiro do lobo e da coruja no sofrimento extremo da miséria. Voltar para ela? Seria o mesmo que me ajoelhar diante do trono do tempestuoso rei da França – que, sem nenhum dote, me levou minha filha mais moça – e, como um escudeiro, mendigar uma pensão só para manter a vida miserável. Voltar para ela? É mais fácil me convencer a ser escravo ou burro de carga deste lacaio desprezível.

Goneril: Como quiser, meu senhor.

Lear: Filha, eu te peço; não me faças enlouquecer. Não te incomodarei mais, minha filha; adeus. Não nos encontraremos mais; não nos veremos mais. Mas ainda és minha carne, meu sangue, minha filha; ou melhor, uma doença na carne, que sou forçado a reconhecer que é minha; és um tumor, uma ferida inchada, um furúnculo apustemado em meu sangue apodrecido. Mas não quero te acusar. Que a vergonha caia sobre ti no momento devido; eu não a chamo. Não apelarei para quem tem na mão os raios para que te fulmine; nem te denunciarei a Júpiter, o Juiz Supremo. Emenda-te quando puderes, melhora quando entenderes. Eu posso ser paciente; posso ficar com Regana. Eu e meus cem cavaleiros.

Regana: Não é bem assim. Eu ainda não o esperava e não estou preparada para acomodá-lo de maneira digna. Dê ouvidos a minha irmã, senhor; pois todos os que comparam a fúria do senhor com o bom senso dela só podem concluir que o senhor está velho, e assim... Mas ela sabe o que faz.

Lear: E você sabe o que diz?

Regana: Ouso jurar que sim, meu senhor. Como, cinquenta cavaleiros não são suficientes? Para que o senhor precisa mais? É, ou mesmo tantos? As despesas e os riscos aconselham redução bem maior. É possível, numa mesma casa, manter toda essa gente sob dois comandos e conservar a harmonia? É difícil; eu diria impossível.

GONERIL: Por que, meu senhor, não aceita ser servido pelos criados dela ou então pelos meus?

REGANA: Por que não, meu senhor? Nesse caso, se algum deles se mostrasse negligente em seu serviço, poderíamos controlá-lo. Se o senhor quiser ficar comigo – agora que vejo o perigo – recomendo que não traga mais de vinte e cinco homens. Não posso receber nem alojar mais que isso. Não posso dar mais...

LEAR: Eu lhes dei tudo...

REGANA: E em muito boa hora.

LEAR: Fiz de vocês minhas guardiãs, minhas tutoras; mas reservei o direito de conservar meu séquito. Por que devo agora ir à tua casa com vinte e cinco homens? Regana, foi o que disseste?

REGANA: Disse e repito, meu senhor. Nem um a mais.

LEAR: As criaturas perversas nos parecem agradáveis quando encontramos outras mais perversas; não ser o pior já é uma qualidade e merece elogio. (*Para Goneril.*) Vou contigo: teus cinquenta dobram os seus vinte e cinco; teu afeto é duas vezes o dela.

GONERIL: Escuta-me, senhor – que necessidade o senhor tem de vinte e cinco? Ou dez? Ou cinco? Numa casa onde criados em número duas vezes maior estarão a seu dispor?

REGANA: Não necessita de um só.

LEAR: Oh, não vamos discutir necessidades! Nossos miseráveis mais miseráveis sempre têm alguma coisa que é supérflua às suas necessidades miseráveis. Se concedermos à natureza humana apenas o que lhe é essencial, a vida do homem vale tão pouco quanto a do animal. Tu és uma senhora; se bastasse estar aquecida para se sentir elegante, bem, a natureza não necessita dessa elegância toda, que mal e mal te aquece. Mas, quanto à necessidade verdadeira... Ó, céus, dai-me paciência, que paciência eu necessito! Vós estais vendo aqui, ó deuses! um pobre velho, tão cheio de acasos quanto de anos; e desgraçado em ambos. Se sois vós que envenenais o coração destas filhas contra o pai, não me obrigueis ainda mais à humilhação de suportar tudo mansamente; despertai-me uma nobre fúria e não deixeis que as armas das mulheres, gota d'água, manchem minhas faces masculinas. Não, bruxas desumanas! Eu me vingarei de tal modo em vocês duas que o universo inteiro verá – eu farei isso! Não sei ainda o que, mas será o terror no universo. Estão pensando que eu vou chorar? Não, eu não vou chorar. (*Sinais de tempestade.*) Tenho muitos motivos para chorar; mas este coração estourará em cem mil pedaços antes que eu chore. Ó, Bobo, estou enlouquecendo. (*Saem Lear, Bobo, Kent e Gloucester.*)

Cornualha: Vamos entrar; vem aí tempestade. (*Ouve-se a tempestade.*)

Regana: Esta casa é pequena; o velho e seus homens não ficarão bem alojados.

Goneril: A culpa é dele; por vontade própria abandonou sua tranquilidade; tem que pagar por sua loucura.

Regana: Eu o receberia de bom grado, ele sozinho, mas nem um só dos que o acompanham.

Goneril: O mesmo digo eu. Onde está o meu senhor de Gloucester?

Cornualha: Está lá fora, acompanhando o velho. (*Entra Gloucester.*) Ah, ei-lo de volta.

Gloucester: O Rei está furioso.

Cornualha: Para onde vai?

Gloucester: Deu ordem de montar; para onde eu não sei.

Cornualha: É melhor lhe deixar o caminho livre; ele se guia.

Goneril: Meu senhor, não lhe peça para ficar de modo algum.

Gloucester: Ai, a noite se aproxima e os ventos gelados sopram furiosos; em milhas ao redor mal se vê um arbusto.

Regana: Oh, senhor, para os homens teimosos as desgraças que eles próprios buscaram devem servir de lição. Tranque suas portas. Ele tem uma escolta de gente desesperada. A prudência aconselha a temer os excessos a que esses homens o podem instigar, acostumados como estão a seduzir seus ouvidos.

Cornualha: Tranque suas portas, meu senhor; está uma noite pavorosa. Minha Regana aconselhou bem. Fujamos da tempestade. (*Saem.*)

FIM DO SEGUNDO ATO

ATO III

Cena I

(*Um descampado. Tempestade, com trovões e relâmpagos. Entram Kent e um cavalheiro. Encontram-se.*)

Kent: Quem está aí, além do mau tempo?

Cavaleiro: Um homem com o espírito do tempo; perturbado.

Kent: Eu te conheço. Onde está o Rei?

Cavaleiro: Lutando com o furor dos elementos; ordena aos ventos que atirem a terra dentro do mar ou cubram o continente com ondas gigantescas para que as coisas mudem ou deixem de existir. Arranca os cabelos brancos que as rajadas violentas, numa raiva cega, apanham em sua fúria e reduzem a nada. Do seu desprezível mundo de homem ele se agiganta, escarnecendo das voltas e revoltas do combate entre a chuva e o vento. Numa noite assim, quando a ursa esfaimada, que amamenta os filhotes, prefere não sair da toca, e o leão e o lobo, com o estômago roído pela fome, preferem conservar o pelo seco, ele corre com a cabeça descoberta, invocando o fim do mundo.

Kent: Mas quem está com ele?

Cavaleiro: Somente o Bobo, que se excede em gracejos tentando fazê-lo esquecer as angústias do seu coração magoado.

Kent: Senhor, eu o conheço e, assegurado por esse meu conhecimento, vou lhe confiar uma coisa importante. Há um feroz desacordo entre os duques de Albânia e Cornualha, embora isso, até agora, esteja encoberto por mútua dissimulação. Ambos têm em volta de si – e quem não os tem entre aqueles cuja boa estrela sentou num trono e colocou nas alturas? – servidores com toda a aparência de simples lacaios mas que na realidade espiões e observadores do rei da França recolhendo informações em nosso reino. Do que eles viram, seja das brigas e intrigas entre os duques, ou da dura conduta que tiveram contra o velho e generoso Rei, ou ainda alguma coisa mais grave que torne tudo isso insignificante, o certo é que, se aproveitando de nosso despreparo, um exército francês já penetrou neste reino estraçalhado e pôs os pés, secretamente, em alguns de nossos melhores portos, estando pronto para desfraldar ali a sua bandeira. Aqui entra o senhor; se, acreditando em mim, o senhor se resolve a marchar rapidamente até Dover, ali encontrará alguém que lhe agradecerá logo que lhe tiver feito um relato correto do tratamento desumano e enlouquecedor sofrido pelo Rei. Sou um cavalheiro de sangue e educação e lhe confio esta missão com conhecimento de causa e certo do que faço.

Cavaleiro: Falaremos mais tarde sobre isso.

Kent: Não, já falamos! Para provar que sou muito mais que minha aparência exterior, abra esta bolsa e fique com o que ela contém. Se encontrar Cordélia – não há que temer, o senhor a encontrará – mostre-lhe este anel e ela lhe dirá quem é este companheiro que o senhor ainda não sabe quem é. Maldita tempestade! Vou procurar o Rei.

Cavaleiro: Dê-me sua mão. Não tem mais nada a dizer?

Kent: Poucas palavras mas que, por sua importância, valem mais do que todo o já falado. Quando encontrarmos o Rei – e para isso peço a sua ajuda, o senhor indo por ali, e eu por aqui – o primeiro que o avistar gritará pelo outro. (*Saem, cada qual para um lado.*)

Cena II

(*Outro local do descampado. A tempestade continua. Entram Lear e o Bobo.*)

Lear: Sopra, vento, até arrebentar tuas bochechas! Ruge, sopra! Cataratas e trombas do céu, jorrem torrentes até fazer submergir os campanários e afogar os galos de suas torres. Relâmpagos de enxofre, mais rápidos que o pensamento, precursores dos raios que estraçalham o carvalho, queimem minha cabeça branca. E tu, trovão que abala o universo, achata para sempre a grossa redondez do mundo! Quebra os moldes da natureza e destrói de uma vez por todas as sementes que geram a humanidade ingrata!

Bobo: Oh, titio, a água benta da bajulação numa casa bem seca é melhor do que esta água de chuva a céu aberto. Entra, titio bonzinho, e pede a bênção a tuas filhas. Esta noite não tem pena nem dos bobos nem dos sábios.

Lear: Arrota as tuas entranhas! Vomita, fogo! Alaga, chuva! A chuva, o vento, o trovão e o fogo não são minhas filhas. Elementos, eu não os acuso de ingratidão; nunca lhes dei reinos ou chamei de filhos, nunca me deveram obediência alguma. Portanto, podem despejar sobre mim o horror do seu arbítrio. Olhem, aqui estou eu, seu escravo, um pobre velho, débil, doente, desprezado. Mas continuo a chamá-los de cúmplices subservientes que se uniram a minhas duas desgraçadas filhas para lançar os batalhões do céu contra esta cabeça tão velha e tão branca. Oh! Oh! É revoltante!

Bobo: Quem tem uma casa onde botar a cabeça tem um belo capacete.

Quem cuida mais da braguilha
Do que da própria virilha
Terá piolhos à beça
Na cabeça e na... cabéça.
Quem cuida mais do dedão
Do que do seu coração
Não dormirá mais, traído
Por um calo dolorido.

Pois nunca houve uma mulher bonita que não fizesse boquinhas diante do espelho. (*Entra Kent.*)

Lear: Não; serei um modelo de paciência. Não direi nada.

Kent: Quem está aí?

Bobo: Olá, uma realeza e uma braguilha aberta; isto é, um sábio e um Bobo.

Kent: Salve, senhor, estás aqui? Mesmo os seres que amam a noite não amam noites como esta. Os céus enfuriados assustam até os animais que rondam nas trevas, obrigando-os a não sair de seus covis. Desde que me conheço como homem não me lembro de jamais ter ouvido tais rajadas de fogo; tão assustadores estrondos de trovões; uivos e lamentos da chuva e do vento iguais a esses. A natureza humana não pode suportar essa aflição e esse horror.

Lear: Que os deuses poderosos, que desencadeiam esse cataclisma sobre nossas cabeças, descubram, afinal, seus inimigos. Treme, infame, que levas dentro de ti crimes ignorados, ainda não flagelados pela justiça. Esconde-te, mão ensanguentada, e tu, mentiroso! Oculta-te, incestuoso que simulas virtudes. Treme até arrebentares em pedaços, canalha que, protegido por tua hipocrisia e tua aparência honrada, atentaste contra a vida de outro homem. Culpas impenetravelmente escondidas, rompam as grades que as ocultam e gritem por misericórdia ante os inquisidores implacáveis. Sou um homem contra quem pecaram muito mais do que pequei.

Kent: Ai de mim! Com a cabeça descoberta! Meu bondoso senhor; a dois passos daqui há uma cabana; pode servir de proteção amiga durante a tempestade. Repouse lá enquanto volto a essa dura casa (mais dura do que as próprias pedras com que foi construída e onde agora mesmo, quando fui lá indagando pelo senhor, me recusaram a entrada). Tentarei forçar a sua mesquinha hospitalidade.

Lear: A minha razão começa a vacilar. Vem cá, meu filho. Como estás tu, meu rapaz? Estás com frio? Eu também estou com frio. Onde está essa palhoça, companheiro? Que alquimia estranha a das nossas necessidades; torna preciosas as coisas mais miseráveis. Vamos para a tal cabana. Pobre Bobo e pobre servidor, ainda me sobra um pedaço de coração para sentir piedade de ti.

Bobo: (*Canta.*) Quem ainda não caiu em desatino
Olalá, com tal chuva e ventania
Deve ficar feliz com seu destino
Mesmo que chova chuva noite e dia.

Lear: É verdade, rapaz. Vamos, me leva a essa cabana! (*Sai com Kent.*)

Bobo: Esplêndida noite, capaz de esfriar até uma cortesã! Antes de ir embora vou fazer uma profecia:

Quando os padres só falarem o que exalte
Cervejeiros não puserem água no malte
As damas ensinarem honra às freiras
Homem de bem não ficar engalicado
Só ficarem os que andam com as rameiras
Não houver cavalheiro endividado
Nem escudeiro vivendo na miséria
Todo processo for bem processado
Não existir intriga deletéria
Nem amigos do alheio no mercado.
Avarentos contarem o dinheiro à luz do dia
Decaídas e devassos não estiverem
No mais alto grau da hierarquia
Aí este reino de Albion
Vai ser só o que é bom
Será esse o tempo, quem viver verá,
Em que para andar, os pés se usará.

Merlino fará esta profecia, um dia, pois eu vivo antes do seu tempo. (*Sai.*)

Cena III

(*Um aposento no castelo de Gloucester. Entram Gloucester e Edmundo.*)

Gloucester: Ai, ai, Edmundo, não estou de acordo com esse cruel procedimento. Quando lhes pedi licença para ter piedade dele, não me deixaram dispor de minha própria casa e, sob pena de seu perpétuo desfavor, me proibiram de falar com ele, suplicar por ele, tomar o seu partido de qualquer maneira.

Edmundo: Coisa selvagem, cruel procedimento!

Gloucester: Cuidado! não digas nada. Há uma desavença entre os duques, e coisa pior ainda. Esta noite recebi uma carta da qual é perigoso falar – fechei-a no meu quarto. As ofensas que o Rei agora sofre serão vingadas plenamente; parte de um exército já pôs pés em terra; temos de apoiar o Rei. Procurarei por ele e o ajudarei secretamente. Enquanto isso, tu conversarás com o duque para que ele não descubra a minha caridade. Se perguntar por mim, estou doente e recolhido ao leito. Se eu morrer por isso – e de nada menos fui ameaçado – o Rei, meu velho senhor, deve ser socorrido a qualquer custo. Coisas estranhas vão acontecer. Edmundo, te recomendo prudência. (*Sai.*)

Edmundo: Desse ato de caridade que te foi proibido, o duque terá conhecimento imediato. E da carta também. Este serviço merece recompensa e deve me fazer ganhar o que meu pai perder;

isto é, tudo o que tem.
A sua queda é para o meu bem. (*Sai.*)

Cena IV

(*No descampado. Uma cabana. Continua a tempestade. Entram Kent, Lear e o Bobo.*)

Kent: É este o lugar, meu senhor. Entre, meu bom senhor. A tirania desta noite ao aberto é violenta demais para a natureza humana. (*Continua a tempestade.*)

Lear: Deixe-me sozinho.

Kent: Meu bom senhor, entre aí.

Lear: Queres partir meu coração?

Kent: Mais facilmente partiria o meu. Entre, meu bom senhor.

Lear: Tu pensas que é demais suportar esta tempestade furibunda penetrando até os ossos. Para ti deve ser: mas onde se alojou a dor maior mal se percebe a dor menor. Evitarias enfrentar um urso: mas se tua fuga te jogasse dentro do mar enfurecido não temerias a goela do animal. Quando a alma está em sossego, o corpo é mais sensível: a tempestade da minha alma apaga em meus sentidos toda outra sensação senão a que dói aqui. Ingratidão filial! É como se esta boca decepasse esta mão que lhe dá o alimento. Mas a minha punição irá até o fundo; não, não quero chorar mais. Numa noite como esta, jogar-me ao desamparo! (*A tempestade.*) Cai, torrente do céu, que eu aguentarei! Em uma noite assim! Ó, Regana, ó Goneril, vosso pai bondoso e velho, cujo coração aberto vos entregou tudo... Oh, esse é o caminho que conduz à demência; é preciso evitá-lo. Chega com isso.

Kent: Meu bom senhor, entre aí.

Lear: Entra tu, eu te peço; procura proteção para ti mesmo. Esta tempestade não me dará calma para pensar em coisas que me fariam sofrer ainda mais. Mas vou entrar. (*Ao Bobo.*) Entra, rapaz, e dormirei depois. (*Sai o Bobo.*) Pobres desgraçados nus, onde quer que se encontrem sofrendo o assalto desta tempestade impiedosa, com as cabeças descobertas e os corpos esfaimados, cobertos de andrajos feitos de buracos, como se defendem vocês de uma intempérie assim? Oh! Eu me preocupei bem pouco com vocês! Pompa do mundo, é este o teu remédio; expõe-te a ti mesmo no lugar dos desgraçados, e logo aprenderás a lhes dar o teu supérfluo, mostrando um céu mais justo.

Edgar: (*De dentro.*) Braça e meia, braça e meia. Pobre Tom! (*Entra o Bobo.*)

Bobo: Não entra não, titio; tem um espírito aí dentro. Socorro! Socorro!

Kent: Me dá tua mão. Quem está aí?

Bobo: Um espírito! Um espírito! Diz que se chama Pobre Tom.

Kent: Quem é que está aí grunhindo nessa palha? Sai fora! (*Entra Edgar, como Tom, o maluco.*)

Edgar: Fujam! O demônio impuro está atrás de mim. Os ventos sopram pelos ramos pontiagudos do pinheiro... Hummm! Vai pra tua cama fria te esquentar!

Lear: Também deste tudo a tuas filhas? É por isso que te encontras nesse estado?

Edgar: Quem dá alguma coisa ao pobre Tom? O desgraçado demônio me fez atravessar o fogo e as chamas, torrentes e redemoinhos, pântanos e areias movediças; colocou facas sob meu travesseiro, laços de forca em meu caminho, veneno de rato em minha sopa e encheu meu coração de tanto orgulho que me achei capaz de montar um cavalo baio e atravessar a trote uma ponte com apenas quatro dedos de largura, perseguindo minha própria sombra como se fosse um traidor. Deus que conserve teus cinco juízos. Tom está com frio. Oh, dá, dé, di, dó, du. Deus te proteja dos furacões, dos astros malfazejos e das pestilências. Uma caridade para o pobre Tom, atormentado pelo espírito do mal. Se eu pudesse pegá-lo agora aqui – ou então ali, depois ali e ali, ali... (*A tempestade continua.*)

Lear: As filhas dele o reduziram a esse estado? (*A Edgar.*) Não pudeste salvar coisa nenhuma? Lhes entregaste tudo?

Bobo: Não, guardou um cobertor, para cobrir com ele suas vergonhas.

Lear: Então que todas as pragas, que o destino mantém suspensas no ar para castigar erros humanos, caiam de uma vez só sobre tuas filhas!

Kent: Ele não tem filhas, senhor.

Lear: À morte, traidor! Nada poderia reduzir um ser humano a tamanha baixeza senão a ingratidão das filhas. É costume que os pais assim rejeitados tenham tão pouca piedade de sua própria carne? Castigo merecido – pois foi essa mesma carne que gerou essas filhas de pelicano.

Edgar: O Peligalo sentou no monte Pintocano. Lololó, lolóri! có-có-ri-có.

Bobo: Esta noite fria vai nos deixar a todos loucos e assustados.

Edgar: Cuidado com o espírito maligno; obedece a teus pais; cumpre sempre tua palavra; não blasfemes; não prevariques com a esposa legítima de teu próximo; não te enfeites com roupas ostentosas. Tom está com frio.

Lear: O que é que tu eras?

Edgar: Um servidor, de coração e espírito orgulhosos; que ondulava os cabelos, punha as luvas no chapéu, atendia aos desejos lascivos do coração de minha senhora, realizando com ela o que se faz nas trevas. Minhas juras eram tantas quanto minhas palavras e as descumpria todas à luz clara do céu. Eu era alguém que dormia pensando em projetos de luxúria e acordava para realizá-los. Amava profundamente o vinho e com ternura os dados; quanto às mulheres eu superava um turco. Falso de coração, fácil de ouvido, mão sanguinária; porco pela preguiça, raposa pela astúcia, leão na pilhagem, voraz como um lobo, um cão raivoso. Não deixes que o ranger de uns sapatos ou o sussurrar de sedas entreguem teu pobre coração a uma mulher: não põe teu pé nos bordéis, tuas mãos nas saias, teu nome em livro de usurários; e poderás desafiar o demônio impuro. O vento gelado continua a soprar pelos ramos do espinheiro; e diz, zuuum, zuum, munn, num. Delfim, meu rapaz, meu rapaz, cessa! Deixa o vento trotar! (*A tempestade continua.*)

Lear: Estarias melhor na sepultura do que expondo teu corpo nu a tais extremos do céu. O homem é apenas isto? Observem-no bem. Não deve a seda ao verme, a pele ao animal, a lã à ovelha, nem seu odor ao almiscareiro. Ah! aqui estamos nós três, tão adulterados. Tu não, tu és a própria coisa. O homem, sem os artifícios da civilização, é só um pobre animal como tu, nu e bifurcado. (*Começa a despir-se.*) Fora, fora com estes trapos emprestados. Desabotoa aqui. (*Começa a arrancar as roupas.*)

Bobo: Titio, por favor, com calma. A noite não está boa para a natação. (*Vê o archote.*) E essa fogueirinha aí no descampado é como o coração de um velho libertino: um calorzinho só e todo o resto do corpo bem gelado. Ôi, ôi! vem vindo para cá um fogo-fátuo. (*Entra Gloucester com o archote.*)

Edgar: Essa é a alma danada chamada Flibbertigibbet: aparece ao toque de recolher e anda até que o galo cante. Transmite a gota serena e a catarata, torna os olhos vesgos, os lábios leporinos; mofa o trigo maduro e amargura a criatura humana.

São Vital no mundo deu três voltas
E topou o demônio
Com seus nove demoninhos como escolta
Obrigou-o a desmontar
E a maldade abjurar.

Vai embora, demônio, vai embora!

Kent: Como está Vossa Graça?

Lear: Quem é ele?

Kent: Quem vem lá? O que procura?

Gloucester: E quem são os senhores? Os seus nomes!

Edgar: Eu sou o pobre Tom, que se alimenta de rãs, de sapos, salamandras, lagartos e lagartixas. E, na fúria do seu coração, quando o imundo demônio o atormenta, come esterco de vaca como salada, engole ratos velhos e cães podres; bebe o lençol verde no charco estagnado, é espancado de aldeia em aldeia, metido no tronco, jogado em prisão; já teve três roupas nas costas e seis camisas no corpo,

Cavalo pra cavalgar
E espada pra lutar.
Mas só ratos, camundongos
E mais bichinhos assim
Foram a comida de Tom
Por sete anos sem-fim.

Cuidados com os que vêm atrás de mim! Paz, Smulkin, paz, ó demônio!

Gloucester: Como? Vossa Graça não encontrou melhor companhia do que essa?

Edgar: O Príncipe das Trevas é um cavaleiro. Seu nome é Modo. Ou então Mahu.

Gloucester: A nossa carne e o nosso sangue, senhor, estão tão degenerados que odeiam até quem os botou no mundo.

Edgar: O pobre Tom tem frio!

Gloucester: Entre comigo. Minha lealdade não permite que obedeça em tudo às duras imposições de suas filhas. Embora tenham ordenado que eu fechasse minhas portas deixando-o à mercê desta noite tirânica, não hesitei em vir procurá-lo para conduzi-lo a um local onde terá fogo e alimento.

Lear: Antes porém quero falar a este filósofo. Qual é a causa do trovão?

Kent: Por favor, senhor, aceite a oferta; vamos para a casa.

Lear: Quero trocar uma palavra com este sábio tebano. O que é que tu estudas?

Edgar: Como evitar o demônio e esmagar piolhos.

Lear: Eu quero te fazer uma pergunta em particular.

Kent: Insista mais uma vez para que vá consigo, meu senhor: sua razão começa a vacilar.

Gloucester: Nada de estranho nisso. (*A tempestade continua.*) As filhas querem sua morte. Ah, o bom amigo Kent! Bem preveniu, o pobre desterrado! Dizes que o Rei está ficando louco – e eu te confesso, amigo, que também estou. Eu tinha um filho, agora renegado do meu sangue, que atentou contra minha vida há pouco tempo, poucos dias. Eu o amava, meu amigo; nenhum filho jamais foi tão amado. Para te dizer toda a verdade, o desgosto transtornou minha razão. Que noite, esta! Suplico a Vossa Graça...

Lear: Oh, imploro o seu perdão, senhor. Nobre filósofo, a sua companhia...

Edgar: Tom está com frio.

Gloucester: Para dentro, rapaz, entra aí na cabana; aquece-te aí.

Lear: Vamos, entremos todos.

Kent: Por aqui, senhor meu.

Lear: Eu vou com ele; não quero me afastar do meu filósofo.

Kent: Meu bom senhor, faça a vontade dele; deixe que leve o rapaz.

Gloucester: Pode trazê-lo.

Kent: Vamos, amigo; por aqui conosco.

Lear: Conosco por aqui, bom ateniense.

Gloucester: Não falem mais, não falem mais. Shh-hiuuuu!

Edgar: À torre sinistra
Chegou don Roldão
Gritou sua senha:
"Fim, fim, funfarrão!
Eu já sinto o cheiro
De sangue bretão". (*Saem.*)

Cena V

(*Aposento no palácio de Gloucester. Entram Cornualha e Edmundo.*)

Cornualha: Vou me vingar antes de sair desta casa.

Edmundo: Ah, meu senhor, tremo só de pensar quanto vão me censurar por ter sacrificado o amor filial à lealdade.

Cornualha: Agora estou certo de que não foi apenas a índole má de teu irmão que o levou a querer a morte de teu pai; a consciência do seu próprio valor foi que o instigou à ação contra esse ser detestável.

Edmundo: Que ironia do destino, fazer com que eu me arrependa de ter sido honesto! Aqui está a carta de que lhe falei, provando que ele conspira pelo rei da França. Ó, céus, quem dera não houvesse tal traição! ou não fosse eu seu delator!

Cornualha: Venha comigo falar com a duquesa.

Edmundo: Se o que contém este papel é verdadeiro, o senhor tem nas mãos assunto muito grave.

Cornualha: Verdade ou não, isso já fez de ti Conde de Gloucester. Descobre onde é que está teu pai para que o possamos prender quando quisermos.

Edmundo: (*À parte.*) Se eu o encontrar auxiliando o Rei, isso dará ainda mais consistência à acusação. (*Para Cornualha.*) Continuarei no caminho da lealdade, por mais doloroso que esse conflito seja pro meu sangue.

Cornualha: Confiarei em ti; e em mim encontrarás um pai mais amoroso. (*Saem.*)

Cena VI

(*Aposento numa granja próxima ao castelo de Gloucester. Entram Kent e Gloucester.*)

Gloucester: Aqui se está melhor do que ao ar livre; aceite de bom grado. Procurarei tornar o lugar mais confortável em tudo que puder. Não ficarei longe muito tempo.

Kent: Toda a força de sua razão cedeu ao desespero. Que os deuses recompensem a vossa bondade. (*Sai Gloucester. Entram Lear, Edgar e o Bobo.*)

Edgar: O demônio Frateretto me chama pra dizer que Nero é um pescador no Lago das Trevas. Reza, pobre de espírito, e cuidado com o demônio imundo.

Bobo: Por favor, titio, me diz: um louco é um nobre ou um plebeu?

Lear: Um Rei, um Rei.

Bobo: Não é não; é um plebeu que tem um filho nobre; pois é um plebeu louco quem faz o filho mais nobre do que ele.

Lear: Ah, ter mil diabos com espetos em brasa caindo sobre elas, sibilando...

Edgar: O espírito imundo morde minhas costas...

Bobo: Louco é quem confia na mansidão do lobo, na saúde do cavalo, no amor de um rapaz, e nas juras de uma prostituta.

Lear: Está decidido; vou julgá-las agora mesmo em tribunal. (*Para Edgar.*) – Vem, senta aqui, sapientíssimo juiz. (*Ao Bobo.*) – E tu também, sábio senhor, senta-te aqui. E quanto a ti, elas – raposas!

Edgar: Olhem onde ela se pôs. E que brilho no olhar! Deseja um olhar que a admire, mesmo no tribunal, senhora?

Cruza o arroio e vem pra mim, Bessy!

Bobo: Seu barco está indo ao fundo
Mas Bessy não diz ao mundo
Por que não vem para ti.

Edgar: O demônio imundo assombra o pobre Tom na voz de um rouxinol. O demônio Hoppedance grita na pança de Tom exigindo dois arenques brancos. Não rosna assim, anjo negro; não tenho comida para te dar.

Kent: Como está o senhor? Não fique assim tão espantado; não deseja deitar-se um pouco naquelas almofadas?

Lear: Primeiro devemos julgá-las. Façam entrar as testemunhas. (*A Edgar.*) – Tu, juiz togado, toma teu posto. (*Ao Bobo.*) – E tu, seu colega na igualdade da lei, senta a seu lado. (*A Kent.*) – E o senhor aí do júri, no seu lugar.

Edgar: Procedamos com justiça.

Dormes ou velas, lindo pastor?
Tuas ovelhas estão no trigal
E basta um som de tua bela boca
Que não lhes ocorre nada de mal.

Ron, ron! Todo gato é pardo.

Lear: Julguem esta primeiro; é Goneril. Juro, diante desta honorável assembleia, que essa aí expulsou o pai de casa a pontapés.

Bobo: Aproxime-se, senhora. Seu nome é Goneril?

Lear: Não o pode negar.

Bobo: Queira desculpar, pensei que fosse um banco.

Lear: E aqui está a outra, cujo olhar perverso indica de que estofo é o seu coração. Prendam-na aí! Armas, armas, espada! Fogo! Até aqui corrupção! Falso juiz, por que deixou que ela escapasse?

Edgar: Abençoados os teus cinco sentidos!

Kent: Oh, piedade! Senhor, onde está a paciência de que tão frequentemente te gabavas?

Edgar: (*À parte.*) As minhas lágrimas começam com tanta força a me mostrar do lado dele que podem revelar o meu disfarce.

Lear: Os cachorrinhos e a matilha toda, Bandeja, Branco e Namorado – estão vendo? – ladram atrás de mim.

Edgar: Tom atira a própria cabeça em cima deles. Fora daqui, vira-latas.

Com focinho preto ou rosa
E mordida venenosa,
Mastim, mestiço e lebreiro,
Galgo, de fila ou rafeiro,
Rabo curto ou bem comprido
Jogo em cima minha cabeça
Lhes tiro uivo e gemido
Té que a matilha obedeça.
Brrrr! Brrrrr! Brrrrr!

Do, dê, dô, dá, Eia! Vamos em marcha para as festas, para as feiras e para as vilas de mercado. Pobre Tom, o teu corno está vazio.

Lear: Façam agora a autópsia em Regana. Examinem que coisa germina em seu coração. A natureza terá uma razão para criar corações tão duros quanto este? (*Para Edgar.*) – E o senhor, considere-se incluído entre meus cem cavaleiros; só não me agrada o corte de suas vestimentas. Dirá, naturalmente, que são modas orientais; mas vamos trocá-las.

Kent: Agora, meu bom senhor, deite-se aí e descanse um pouco.

Lear: Não façam barulho! Não façam barulho! Fechem as cortinas. Assim. Assim. Cearemos de manhã bem cedo. Assim. Assim. Assim. (*Entra Gloucester.*)

Bobo: E eu irei para a cama ao meio-dia.

Gloucester: Vem aqui, amigo; onde está o Rei, meu amo?

Kent: Aqui, senhor, mas não o incomodemos; ele perdeu a razão.

Gloucester: Bom amigo, eu lhe peço, levanta-o em teus braços. Surpreendi uma trama de morte contra ele. Tenho aí fora uma liteira pronta. Coloca-o lá dentro e leva-o para Dover, amigo. Ali encontrarão boa acolhida e devida proteção. Pega teu amo. Se demorarem mais meia hora, a vida dele, a tua e a de todos decididos a defendê-lo estarão irremediavelmente perdidas. Levanta-o, levanta-o, e segue-me. Vou te conduzir rapidamente a um lugar onde há provisões fundamentais para a viagem.

Kent: Dorme a natureza sucumbida. Esse repouso poderá ser um bálsamo para os teus nervos esgotados, os quais, sem circunstâncias favoráveis, não terão mais cura. (*Ao Bobo.*) – Vamos, ajuda a carregar teu amo. Não fica aí para trás.

Gloucester: Andem, andem! Vamos todos embora! (*Saem todos, menos Edgar.*)

Edgar: Ao ver nossos maiores com a mesma dor
Nossas misérias perdem o seu valor
Quem sofre sozinho esquece suas raízes
Não lembra mais fatos nem tempos felizes
Quando a dor tem irmãos e a angústia amigos
A alma nem sente inúmeros castigos
A dor já não me dói, por não ser singular
O mesmo que me curva faz o Rei dobrar
A ele, as filhas, a mim – o pai. É, Tom, vai embora!
Observa o que acontece, e só volta na hora

Em que a infame calúnia, o mal nefando
Tu destruas com os fatos, te reabilitando.

Aconteça o que aconteça esta noite – desde que o Rei se salve! Esconde-te! Esconde-te! (*Sai.*)

Cena VII

(*Um aposento no castelo de Gloucester. Entram Cornualha, Regana, Goneril, Edmundo e servidores.*)

Cornualha: (*A Goneril.*) Corra depressa ao senhor seu marido; e lhe mostre esta carta. O exército francês desembarcou. Procurem Gloucester, o traidor. (*Saem alguns servidores.*)

Regana: Enforquem-no imediatamente.

Goneril: E arranquem seus olhos!

Cornualha: Deixem-no comigo e meu ódio. Edmundo, faz companhia à nossa irmã. A vingança que somos obrigados a tirar do traidor teu pai não é espetáculo para o teu olhar. Avisa ao duque, com quem vais te encontrar, que se prepare depressa para a guerra; nós faremos o mesmo. Nossos correios devem estabelecer contatos rápidos entre nós. Adeus, cara irmã; adeus, conde de Gloucester. (*Entra Osvaldo.*) Como é? Onde está o Rei?

Osvaldo: O senhor de Gloucester enviou-o para longe. Trinta e cinco ou trinta e seis dos seus cavaleiros, que o procuravam febrilmente, o encontraram às portas da cidade e, junto com outros lacaios do conde, se dirigiram para Dover, onde se gabam de ter amigos bem armados.

CORNUALHA: Prepare cavalos para sua senhora. (*Osvaldo sai.*)

GONERIL: Adeus, meu bom senhor e minha irmã.

CORNUALHA: Edmundo, adeus. (*Saem Goneril e Edmundo.*) Andem, procurem o traidor Gloucester. Amarrem-no como ladrão e tragam-no aqui diante de nós. (*Saem outros servidores.*) Ainda que não possamos condená-lo à morte sem a justiça formal, o nosso poder fará uma gentileza ao nosso ódio – coisa que os homens poderão censurar mas não impedir. Quem vem lá? É o traidor? (*Entram Gloucester e os servidores.*)

REGANA: O lobo ingrato; é ele mesmo.

CORNUALHA: Amarrem bem seus braços carcomidos.

GLOUCESTER: Que pretendem Vossas Graças? Meus bons amigos, lembrem-se de que são meus hóspedes: não podem me fazer nenhuma afronta.

CORNUALHA: Amarrem-no, eu ordenei. (*Servidores o amarram.*)

REGANA: Apertem bem o traidor imundo!

GLOUCESTER: Mulher desapiedada, eu não sou traidor.

CORNUALHA: Amarrem-no nessa cadeira. Vilão, vais aprender... (*Regana puxa-lhe a barba.*)

GLOUCESTER: Pela misericórdia divina, puxar minha barba assim, não há nada mais ignóbil.

REGANA: Uma barba tão branca, e tamanho traidor!

GLOUCESTER: Mulher perversa, esses cabelos que arrancas do meu rosto vão renascer para te acusar. Estás em minha casa: não podes maltratar o meu rosto hospitaleiro com tuas mãos de ladra. Que pretendem fazer?

Cornualha: Vamos, senhor, mostre as últimas cartas que recebeu da França.

Regana: E responde direto, pois sabemos a verdade.

Cornualha: Que entendimento manténs com esses traidores que acabam de desembarcar em nosso reino?

Regana: Em cujas mãos entregaste o Rei demente. Fala.

Gloucester: Recebi uma carta contendo apenas conjecturas, enviada por uma pessoa de coração neutro, não de alguém do outro lado.

Cornualha: Esperto.

Regana: E falso.

Cornualha: Para onde enviaste o Rei?

Gloucester: Para Dover.

Regana: Por que a Dover? Não foste avisado do perigo...

Cornualha: Por que a Dover? Deixe que ele responda isso primeiro.

Gloucester: Amarrado como um urso tenho que enfrentar essa matilha.

Regana: Por que a Dover?

Gloucester: Porque eu não queria ver as tuas unhas cruéis arrancarem os olhos do pobre velho; nem ver tua feroz irmã cravar os dentes de chacal em sua carne ungida. Com uma tempestade como aquela que sua cabeça nua suportou na noite negra como o inferno, o mar ter-se-ia levantado e apagado o fogo das estrelas. Ele, porém, o grande coração envelhecido, aumentava com suas lágrimas a chuva que caía. Se os lobos uivassem à tua porta com aquele tempo horrendo, terias ordenado: "Bom porteiro, gira a chave", esquecendo qualquer crueldade em noite assim. Mas ainda hei de ver a vingança do céu cair sobre tais filhas.

Cornualha: Nunca a verás. Segurem essa cadeira! Vou pôr meus pés sobre os teus olhos.

Gloucester: Quem espera viver até a velhice me preste algum socorro. (*Cornualha arranca-lhe um olho.*) Oh, crueldade! Ó Deuses!

Regana: Agora um lado vai zombar do outro; o outro olho também!

Cornualha: Estás vendo a vingança?

Primeiro Servidor: Suspende essa mão, meu senhor. Eu o sirvo desde minha infância, mas jamais lhe prestei melhor serviço do que agora, pedindo-lhe que pare.

Regana: Que queres tu, cachorro?

Primeiro Servidor: Se a senhora tivesse barba na cara eu a arrancaria nesta luta. Que pretendem?

Cornualha: Ó, meu vilão! (*Saca e luta.*)

Primeiro Servidor: Pois bem, avança e enfrenta o risco da minha indignação.

Regana: Dá-me tua espada. (*Tira a espada a um servidor.*) Um lacaio ter essa ousadia! (*Ataca-o pelas costas. Mata-o.*)

Primeiro Servidor: Ai, ela me matou! Meu senhor, ainda tens um olho para um dia ver esse homem desgraçado! Ai! (*Morre.*)

Cornualha: Antes que ele veja mais alguma coisa, tomemos providências. Fora, gelatina nojenta. Onde está teu brilho agora?

Gloucester: Tudo negro e desolado. Onde está meu filho Edmundo? Edmundo, inflama todas as centelhas da tua natureza para vingar este ato horrendo.

Regana: Fora, miserável traidor! Estás chamando quem te odeia; foi ele quem nos revelou tua traição; ele, demasiado honesto para se apiedar de ti.

Gloucester: Ó, loucura minha! Edgar foi então caluniado! Deuses misericordiosos, perdoai-me e protegei-o!

Regana: Joguem-no fora das portas da cidade e que ele fareje o caminho para Dover. (*Sai um servidor levando Gloucester.*) Como está, meu senhor? Que expressão é essa?

Cornualha: Recebi um ferimento. Vem comigo, senhora. Expulsa esse maldito cego, e joga este escravo na estrumeira. Regana, perco sangue demais. Em que má hora fui eu ser ferido. Dá-me teu braço. (*Sai Cornualha conduzido por Regana.*)

Segundo Servidor: Me sentirei livre para praticar qualquer maldade se esse homem não for castigado.

Terceiro Servidor: Se ela viver muito e no fim morrer de morte natural, daí em diante todas as mulheres vão ser monstros.

Segundo Servidor: Vamos seguir o velho conde e encarregar o Tom-Maluco de levá-lo aonde quiser. Sua loucura irresponsável lhe permite qualquer coisa.

Terceiro Servidor: Vai tu; eu vou buscar um pedaço de

linho e claras de ovo para cobrir seu rosto ensanguentado. E que o céu o proteja. (*Saem em direções contrárias*.)

FIM DO TERCEIRO ATO

ATO IV

Cena I

(*No descampado. Entra Edgar.*)

Edgar: É melhor assim, eu me saber desprezado, do que adulado, sabendo que me desprezam. O pior, o mais baixo e abjeto filho da fortuna, ainda tem esperança, não vive com temor. A lamentável mudança é do melhor. O pior retorna para o riso. Bem-vindo então, ar impalpável que eu abraço! O desgraçado a quem sopraste no pior não deve nada a tuas rajadas. Mas quem vem lá? (*Entram Gloucester e um velho.*) Meu pai, guiado como um mendigo. Mundo, mundo, ó mundo! se não fossem as estranhas mutações que nos fazem te odiar, a vida não aceitaria a morte!

Velho: (*Para Gloucester.*) Ó, meu bom senhor, fui sempre seu vassalo, e um vassalo de seu pai, já lá vão oitenta anos.

Gloucester: Vai, vai-te embora. Meu bom amigo, me deixa. Teu consolo não me serve de nada e só pode te prejudicar.

Velho: O senhor não enxerga o seu caminho.

Gloucester: Já não tenho caminho, não preciso de olhos. Tropeçava quando via. Sucede muitas vezes; as vantagens que temos nos fazem descuidados e são nossos defeitos que nos trazem vantagens. Oh, caro filho Edgar, vítima do ódio de teu pai enganado. Se eu pudesse viver pra te ver com meu tato juraria ter recuperado meus olhos.

Velho: O que é? Quem vem lá?

Edgar: (*À parte.*) Ó deuses! Quem pode dizer: "Estou no pior?" Estou pior do que jamais estive.

Velho: É Tom, o pobre maluco.

Edgar: (*À parte.*) E ainda posso estar pior. O pior ainda não veio se conseguimos dizer: "Isto é o pior."

Velho: Aonde vais, companheiro?

Gloucester: É um mendigo?

Velho: Mendigo e também maluco.

Gloucester: Ainda tem algum juízo ou não mendigaria. Na tempestade da noite passada vi um tipo assim que me fez refletir que o homem não é mais do que um verme. Lembrei-me de meu filho, embora meu sentimento lhe fosse pouco amigo. Desde então aprendi muito. Somos para os deuses o que as moscas são para os meninos: matam-nos só por brincadeira.

Edgar: (*À parte.*) Mas que foi que aconteceu? Triste missão ter que fingir de louco diante da dor, amargurando os outros e a nós mesmos. (*Com sotaque matuto.*) – Binditu seijas, meu sinhô.

Gloucester: É o camarada que anda nu?

Velho: Ele mesmo, senhor.

Gloucester: (*Ao Velho.*) Então vai embora, por favor. Se, em consideração a mim, quiseres nos encontrar daqui a uma milha ou duas, no caminho de Dover, fá-lo por uma velha amizade. E traz algo que cubra esta alma nua a quem eu vou pedir que me conduza.

Velho: Ai, meu senhor, é um maluco.

Gloucester: Desgraçado do tempo em que os loucos guiam os cegos. Faz como eu te digo, ou melhor, faz o que bem entender. O importante é ires embora.

Velho: Eu lhe trarei a melhor roupa que tiver, aconteça o que acontecer. (*Sai.*)

Gloucester: Ô rapaz que anda nu!

Edgar: O pobre Tom tem frio. (*À parte.*) Não posso fingir mais.

Gloucester: Vem cá, companheiro.

Edgar: (*À parte.*) Porém, sou obrigado. Benditos sejam teus olhos bondosos: eles sangram.

Gloucester: Conheces o caminho para Dover?

Edgar: Barreiras e cancelas, estradas de cavalos e caminhos de pedestres. Foi o medo que tirou o juízo do pobre Tom. Filho de homem de bem, Deus te livre do demônio imundo. Cinco demônios entraram no corpo de Tom ao mesmo tempo; Obdicut, o da luxúria; Hobbididence, príncipe dos mudos; Mahu, o do roubo; Modo, príncipe do assassinato; Flibbertigibbet, príncipe dos dengues e caretas. Esse, desde a aurora dos tempos, possui damas de honra e criadas de quarto. Assim, que Deus o proteja, meu patrão!

Gloucester: Aqui, toma esta bolsa, tu, a quem as pragas do céu humilharam ao ponto de aceitar qualquer humilhação. Eu ser um desgraçado te torna mais feliz. Céus, fazei sempre assim! Fazei com que o homem rodeado do supérfluo e saturado de prazeres, que põe as vossas leis a seu serviço, e não quer ver porque não sente, sinta imediatamente o vosso poder; assim a distribuição destruiria o excesso e cada homem teria o necessário. Conheces Dover?

Edgar: Sim, meu senhor.

Gloucester: Há um penhasco ali, cuja cabeça alta se inclina assustadoramente para o abismo do mar. Quero só que me guies até a borda e remediarei tua miséria com uma coisa de valor que trago aqui. Dali em diante eu não precisarei mais de quem me guie.

Edgar: Dá-me teu braço. O pobre Tom te guia. (*Saem.*)

Cena II

(*Na frente do palácio do duque de Albânia. Entram Goneril e Edmundo.*)

Goneril: Bem-vindo, meu senhor. Espanta-me que meu complacente esposo não tenha vindo ao nosso encontro no caminho. (*Entra Osvaldo.*) Então? Onde está teu senhor?

Osvaldo: Lá dentro, senhora; mas nunca vi ninguém tão mudado. Eu lhe falei do exército já desembarcado; ele sorriu. Anunciei a vossa chegada. Sua resposta foi: "Tanto pior." E, quando lhe informei da traição de Gloucester e do leal comportamento de seu filho, chamou-me de imbecil e disse que eu virava tudo pelo avesso. O que mais deveria lhe desagradar parece que lhe agrada; o que deveria lhe agradar, ofende-o.

Goneril: (*A Edmundo.*) Então é bom não ir adiante. É o pusilânime terror de seu temperamento que não o deixa arriscar-se. Não quer saber de ofensas que o obriguem a reagir. Os projetos que fizemos durante a viagem talvez se realizem. Edmundo, volta para junto de meu cunhado. Apressa o recrutamento e dirige as tropas. Vou mudar o comando desta casa e colocar a roca de fiar nas mãos de meu marido. Este servo fiel será nosso intermediário. Muito breve, se ousares arriscar da tua parte, receberás ordens de uma amante às ordens. Usa isto. Não gaste palavras. (*Dá-lhe um presente.*) Inclina a cabeça; este beijo, se ousasse falar, elevaria teu desejo às nuvens. Entenda, boa sorte.

Edmundo: Sou seu, nas fileiras da morte. (*Sai.*)

Goneril: Meu queridíssimo Gloucester! Oh, que diferença de homem para homem. Tu mereces os favores de uma mulher; um imbecil usurpa o meu corpo.

Osvaldo: Senhora, aí está meu amo. (*Sai. Entra Albânia.*)

Goneril: Menos que um cão; já nem mereço um assobio.

Albânia: Ó Goneril, não vales nem a poeira que o vento sujo sopra no teu rosto. Eu temo o teu caráter; um ser que despreza a própria origem não pode ser contido em nenhum limite. Aquela que por si mesma se arrebenta e se esgalha do seu tronco vital há de murchar, por força, e ser atirada ao fogo, como coisa morta.

Goneril: Basta; é um sermão idiota.

Albânia: Sabedoria e bondade aos vis parecem vis. A imundície adora-se a si própria. O que fizeste? Tigres, não filhas, o que é que realizaram? Um pai, um homem afável e envelhecido, que até um urso acorrentado haveria lambido reverente, tão bárbaras e tão degeneradas, vocês o enlouqueceram! Como meu bom irmão o permitiu? Um homem, um príncipe, que o Rei protegeu tanto! Se os céus não enviam rapidamente seus anjos vingadores para reprimir tão vis ofensas, o caos virá, os homens se entredevorarão como monstros do abismo.

Goneril: Homem de fígado de leite, que só tens faces para bofetões e cabeça para insultos; que não tens olhos para distinguir o que é desonra e o que é tolerância; que não sabes que só idiotas têm piedade de canalhas castigados para que não consigam cometer suas infâmias. Onde está teu tambor? O Rei da França desfralda suas bandeiras em nosso país despreparado e com seu elmo emplumado já ameaça o teu reino, enquanto tu, moralista idiota, continuas sentado, gritando apenas: "Ai, por que é que ele faz isso?"

Albânia: Contempla-te a ti mesma, demônio! A deformidade própria do diabo é muito mais horrenda na mulher.

Goneril: Ó tolo inútil!

Albânia: Criatura falsa e dissimulada, que só por vergonha não exibes tuas feições de monstro. Se fosse meu costume deixar as minhas mãos obedecerem a meu sangue, elas estariam prontas para desconjuntar teus ossos e rasgar tua carne. Apesar de demônio és protegida por tua forma de mulher.

Goneril: Pela virgem! Que masculinidade! Miau! (*Entra um mensageiro.*)

Albânia: Que aconteceu?

Mensageiro: Ó, meu bom senhor, o duque de Cornualha morreu; foi assassinado por um servidor, quando ia arrancar o outro olho de Gloucester.

Albânia: Os olhos de Gloucester!

Mensageiro: Um servidor que ele criou, impulsionado pela compaixão, opôs-se àquele ato, sacando da espada contra o próprio amo. Este, fora de si, lançou-se contra ele e deixou-o cair morto no meio de todos. Mas não antes de receber o golpe fatal do qual sucumbiria logo após.

Albânia: Isso mostra que existem lá em cima os juízes supremos punindo prontamente nossos crimes aqui embaixo. Mas, e o pobre Gloucester? Perdeu a outra vista?

Mensageiro: As duas, meu senhor, as duas. Esta carta, senhora, exige uma resposta urgente. É de sua irmã.

Goneril: (*À parte.*) Por um lado isso me agrada muito. Mas, estando viúva, e o meu Gloucester com ela, todo o edifício da minha fantasia pode desmoronar tornando minha vida odiosa. Por outro lado, a notícia não é nada ruim. Vou ler e responder. (*Sai.*)

Albânia: Onde estava o filho, quando lhe arrancaram os olhos?

Mensageiro: Tinha vindo para cá com minha senhora.

Albânia: Mas não chegou aqui.

Mensageiro: Não, meu bom senhor; encontrei-o voltando.

Albânia: Ele sabe da violência?

Mensageiro: Sabe, meu senhor. Foi ele quem denunciou o pai, e abandonou a casa, de propósito, para que eles pudessem agir mais livremente.

Albânia: Gloucester, eu vou viver para te agradecer o amor que demonstraste pelo Rei; e para vingar teus olhos. Vem aqui, amigo; conta tudo o mais que tu souberes.

Cena III

(*Acampamento francês, perto de Dover. Entram Kent e um fidalgo.*)

Kent: Por que o Rei da França regressou tão repentinamente? Conheces a razão?

Fidalgo: Um negócio de estado que deixou em suspenso e que se tornou urgente depois de sua partida; coisa que traz tanto temor e perigo para o reino da França que sua presença pessoal era exigida e indispensável.

Kent: Quem ele deixou como general?

Fidalgo: O marechal de França, Monsieur La Far.

Kent: As cartas que entregaste à Rainha fizeram-na demonstrar alguma emoção?

Fidalgo: Sim, senhor. Leu-as ali mesmo, em minha presença e, de vez em quando, uma enorme lágrima corria por sua face delicada. Como Rainha procurava dominar sua paixão enquanto esta, rebelde, tentava dominá-la como um Rei.

Kent: Ah, então a carta a comoveu?

Fidalgo: Mas não para a raiva. A paciência e a aflição lutavam para ver qual a apresentava em seu melhor. O senhor já viu o sol e a chuva ao mesmo tempo – seus sorrisos e lágrimas eram assim, porém mais belos. Os sorrisos felizes que brincavam em seus lábios vermelhos pareciam ignorar os hóspedes dos olhos, que caíam dali como pérolas gotejadas por diamantes. Em resumo, a dor seria raridade muito apreciada se todos pudessem exprimi-la desse modo.

Kent: Não te fez nenhuma comunicação verbal?

Fidalgo: Na verdade uma ou duas vezes pronunciou o nome *pai*, com uma palpitação, como se aquilo lhe oprimisse o coração. Exclamou: "Irmãs! irmãs! vergonha das mulheres! minhas irmãs! Kent! meu pai! minhas irmãs! Como, na tempestade? no meio da noite? Só não se acreditando mais na piedade!" Aí sacudiu a água bendita dos olhos celestiais, afogando sua emoção, e saiu depressa para ficar a sós com sua angústia.

Kent: São as estrelas, as estrelas que acima de nós governam nossos temperamentos. Senão um mesmo casal não poderia gerar filhos tão diferentes. Não falaste mais com ela?

Fidalgo: Não.

Kent: Isso foi antes do Rei partir?

Fidalgo: Não. Depois.

Kent: Pois bem, senhor, o pobre e angustiado Lear está na cidade. Às vezes, em momentos mais lúcidos, recorda por que viemos aqui; embora de modo algum admita ver a filha.

Fidalgo: Por que, bom senhor?

Kent: Uma vergonha suprema o impede disso; a própria dureza com que negou a ela a sua bênção foi que a atirou a essa aventura no estrangeiro. Foi ele quem a despojou de seus direitos mais sagrados entregando-os às duas filhas de coração canino. Essas coisas pungem sua alma tão venenosamente que o calor da vergonha o afasta de Cordélia.

Fidalgo: Ai, pobre fidalgo.

Kent: Ouviste falar dos exércitos de Albânia e Cornualha?

Fidalgo: Sim, senhor, já estão em marcha.

Kent: Bom, senhor, vou levá-lo à presença de nosso Rei, e deixo-o sob seus cuidados. Razão poderosa me obriga a conservar meu disfarce ainda algum tempo. Quando souber quem eu sou não se arrependerá de ter-me concedido sua amizade. Vem comigo, por favor. (*Saem.*)

Cena IV

(*Acampamento francês. Uma tenda. Entram, com tambores e bandeiras, Cordélia, um fidalgo – médico e soldados.*)

Cordélia: Ai, é ele! Foi encontrado agora mesmo, louco como um mar de tempestade. Cantava alto, coroado de fétidas ramagens, urtigas, folhas secas, agrião, cicuta, joio, campainhas e todas as ervas daninhas em nosso trigo de sustento. Mandem uma centúria procurá-lo nos campos cobertos de espigas. Procurem palmo a palmo, em todos os sentidos; eu o quero diante de meus olhos. (*Sai um oficial.*) Que pode o conhecimento humano para restaurar a razão que ele perdeu? Quem o curar pode ficar com tudo que possuo.

Médico: Há recursos, senhora. A cura natural é o repouso, que há tanto ele não tem. Para acalmá-lo existem ervas medicinais cuja eficácia fechará o olhar da sua angústia.

Cordélia: Que todos os benditos segredos e todas as misteriosas virtudes da terra germinem com minhas lágrimas para socorrer e remediar a desgraça desse homem de bem. Procurem, procurem por ele, antes que seu furor descontrolado destrua essa vida que a razão já não governa. (*Entra um mensageiro.*)

Mensageiro: Notícias, senhora. As forças britânicas marcham nesta direção.

Cordélia: Já se sabia. E estamos preparados para enfrentá-las. Querido pai, é por teu interesse que eu luto. Por isso o grande Rei da França se apiedou de meu pranto, de minhas lágrimas insistentes. Não é a ambição incontida que impele as nossas armas, mas o amor, o terno amor, e o direito do meu pai envelhecido. Em breve possa eu ouvi-lo e vê-lo! (*Saem.*)

Cena V

(*Aposento no castelo de Gloucester. Entram Regana e Osvaldo.*)

Regana: Mas, as tropas do meu irmão estão em marcha?

Osvaldo: Sim, senhora.

Regana: Ele está lá em pessoa?

Osvaldo: Sim, senhora, mas com muita má vontade; dos dois, vossa irmã é o melhor soldado.

Regana: Lorde Edmundo não falou com teu senhor, em seu castelo?

Osvaldo: Não, senhora.

Regana: Que significa essa carta de minha irmã escrita a ele?

Osvaldo: Eu ignoro, minha senhora.

Regana: Por minha fé, deve ter tido sérias razões para partir tão depressa. Foi um erro grave deixar Gloucester vivo, depois de lhe arrancar os olhos. Onde quer que vá erguerá o coração de todos contra nós. Edmundo, eu creio, partiu com pena da desgraça do pai. Foi acabar com aquela existência anoitecida; e também reconhecer as forças do inimigo.

Osvaldo: Tenho que correr até ele, senhora, para entregar-lhe a carta.

Regana: Nossas tropas partem amanhã. Fique conosco. As estradas estão perigosas.

Osvaldo: Eu não posso, senhora. Minha ama deu-me ordens severas nesse assunto.

Regana: Por que ela teria escrito a Edmundo? Não podes transmitir verbalmente sua mensagem? Há alguma coisa aí... não sei bem o quê. Te ficaria muito grata se me deixasses abrir essa carta.

Osvaldo: Senhora, eu preferiria...

Regana: Eu sei que tua senhora não ama seu esposo; tenho certeza. Na última vez em que esteve aqui lançava ao nobre Edmundo expressões estranhas e olhares amorosos. Eu sei, és seu confidente.

Osvaldo: Eu, senhora?

Regana: Eu sei do que falo; és seu confidente. Por isso te advirto; toma nota. Meu marido morreu. Edmundo e eu já nos entendemos; ele serve mais à minha mão do que à de tua senhora. Daí concluis o resto. Se o encontrares, te peço, dá-lhe isto. (*Dá-lhe uma prenda.*) E quando tua senhora souber de tudo por teu intermédio, por favor, aconselhe-a a que aja com prudência. E assim eu me despeço. Se por acaso ouvir falar desse traidor cego, quem o matar receberá uma bela recompensa.

Osvaldo: Bem que eu gostaria de encontrá-lo, senhora! Poderia mostrar de que lado me encontro.

Regana: Passe bem. (*Saem.*)

Cena VI

(*Campos perto de Dover. Entram Gloucester e Edgar.*)

Gloucester: Quando chegaremos ao alto desse morro?

Edgar: Já estamos subindo agora. Veja o esforço que fazemos.

Gloucester: Mas o terreno me parece plano.

Edgar: Um despenhadeiro horrível. Escuta; não estás ouvindo o mar?

Gloucester: Sinceramente, não.

Edgar: Bem, então é porque teus outros sentidos se alteraram com a dor de teus olhos.

Gloucester: Bem, pode ter sido, realmente. Parece que até tua voz mudou, que te exprimes melhor e com mais sentido do que antes.

Edgar: É puro engano. Nada mudou em mim a não ser minhas roupas.

Gloucester: Não; falas muito melhor.

Edgar: Pronto, senhor, este é o lugar. Não se mova. Até dá medo e vertigem olhar tão fundo. Os corvos e as gralhas que planam lá embaixo parecem do tamanho de besouros. No meio da encosta, suspenso no precipício, um homem recolhe algas marinhas – tarefa assustadora! Não parece maior que uma cabeça. Os pescadores que andam na praia lembram camundongos e, mais além, o grande barco ancorado ficou diminuído a um escaler! O escaler é uma boia que quase não se vê. Desta altura nem se ouve o rugido das vagas que batem contra as inúmeras pedras movediças da encosta. Não quero olhar mais, senão me dá vertigem, perco a visão e posso me precipitar no abismo.

Gloucester: Coloca-me onde estás.

Edgar: Dá-me tua mão; estás a um pé da borda do precipício. E eu não daria um passo por nada sob a lua.

Gloucester: Larga minha mão. Amigo, tem aqui outra bolsa; aí dentro há uma joia que vale bem que um pobre a aceite. Fadas e deuses te acrescentem! Vai embora, agora: despede-te de mim. Eu quero ouvir teus passos se afastando.

Edgar: Pois então adeus, meu bom senhor.

Gloucester: Com todo o meu coração.

Edgar: (*À parte.*) Eu brinco assim com o desespero dele – mas é para curá-lo.

Gloucester: Ó deuses todo-poderosos (*ajoelha-se*), renuncio a este mundo e sob vossos olhos me despojo, resignadamente, de toda minha aflição. Se a pudesse suportar por mais tempo sem me desesperar contra a vossa vontade onipotente, deixaria que se consumisse até o fim o pavio inútil desta pobre vida. Se Edgar vive, ó, abençoai-o! E agora, companheiro, adeus.

Edgar: Estou indo, senhor, adeus. (*Gloucester salta para a frente e cai.*) (*À parte.*) Contudo não sei imaginar como a decepção pode roubar o tesouro da vida quando a própria vida é favorável ao roubo. Estivesse ele onde pensava estar, neste momento não pensava mais. Vivo ou morto? Eh, aí, meu senhor! Amigo! Está me ouvindo? Fala. (*À parte.*) Bem podia ter morrido mesmo. Mas não, já volta a si. (*A Gloucester.*) Quem é o senhor, amigo?

Gloucester: Vai embora e deixa-me morrer.

Edgar: Mesmo que fosses feito só de teia de aranha, de penas e de ar, deverias ter te esborrachado como um ovo, caindo dessa altura gigantesca. Mas tens peso considerável; e no entanto respiras, não sangras, falas, estás são e salvo. Dez mastros superpostos não dariam a altura de onde caíste perpendicularmente. Tua vida é um milagre. Fala de novo.

Gloucester: Mas, afinal, caí ou não?

Edgar: Do pico assustador daquela borda calcárea. Olha para o alto. Desta distância não se vê nem se ouve a estridente cotovia. Olha só um instante.

Gloucester: Ai de mim, não tenho olhos! Será que a desgraça não tem o direito de pôr fim a si mesma com a morte? Seria ainda um consolo a miséria poder enganar a fúria dos tiranos e frustrar sua vontade e orgulho.

Edgar: Dá-me teu braço. Levanta – assim. Como estás? Sentes as pernas? Podes ficar em pé?

Gloucester: Bem demais. Bem demais.

Edgar: É uma coisa que ultrapassa o mais estranho. E que era aquilo que se despediu do senhor lá em cima do penhasco?

Gloucester: Um pobre e desgraçado mendicante.

Edgar: Para mim, daqui de baixo, seus olhos pareciam luas cheias; tinha mil narizes, cornos tortos e ondulados como o mar bravio. Era algum demônio. Por isso, afortunado ancião, convence-te de que os deuses mais justos, cuja glória consiste em realizar o humanamente impossível, querem te preservar.

Gloucester: Estou lembrando, agora. Daqui em diante suportarei minha aflição até que ela mesma grite: "Basta! Basta!" e morra. Isso de que me falas pensei que fosse um homem. Repetia o tempo todo: "O demônio! O demônio!" Foi ele que me levou lá em cima.

Edgar: Procure pensamentos serenos e resignados. (*Entra Lear, fantasticamente adornado com flores selvagens.*) Mas quem vem lá? Ninguém com a mente sã se enfeitaria assim.

Lear: Não, não podem me condenar por meus cunhados. O Rei tem o direito de cunhar.

Edgar: Ó visão desoladora!

Lear: A natureza supera a arte a esse respeito. Eis aqui o soldo do teu recrutamento. Esse rapaz maneja o arco como um espantalho; vai, atira-me uma flecha com todo o arco esticado. Olha, olha a ratazana! Quieto, quieto; este pedacinho de queijo frito resolverá o problema. Eis minha luva de ferro; vou atirá-la num gigante. Avance o batalhão das alabardas vermelhas! Oh, belo voo, meu falcão! No alvo! Na mosca! Zhiimmm! Qual é a senha?

Edgar: Manjerona doce.

Lear: Passa.

Gloucester: Eu conheço essa voz.

Lear: Ah! Goneril; com uma barba branca? Me adulavam como cães e diziam que eu tinha a barba branca quando eu ainda nem tinha barba preta. Diziam "sim" e "não" a tudo que eu dizia. Dizer "sim" e "não" assim não é boa teologia. Quando a chuva me encharcou e o vento me fez ranger os dentes; quando o trovão não quis calar ao meu comando, foi então que eu descobri e farejei quem eram. Não interessa! elas não são homens de palavra. Pois chegaram a dizer que eu era tudo. Uma mentira! Eu não resisto a uma febre intermitente.

Gloucester: Conheço bem o timbre dessa voz; não é o Rei?

Lear: Sim, de alto a baixo um Rei. Quando fixo o olhar, reparem como tremem meus vassalos. Poupo a vida a esse homem. Qual foi teu delito? Adultério? Tu não morrerás. Morrer por adultério? Não; o rouxinol o comete e a mosquinha dourada fornica diante de mim. Copulem livremente! Pois o filho bastardo de Gloucester foi mais amoroso para com o pai do que minhas filhas concebidas entre lençóis legais. Ao trabalho: luxúria, à promiscuidade, necessito soldados. Reparem nessa dama de sorriso basbaque, cujo rosto faz pensar que tem a pureza da neve entre as coxas; tão cheia de melindres que sacode a cabeça ao ouvir falar em luxúria. Nem a égua no pasto nem a porca no chiqueiro se entregam com apetite mais desenfreado. Da cintura para cima são mulheres; da cintura para baixo são centauros. Só pertencem aos deuses até a cintura; embaixo é tudo do demônio. Ali está o inferno, a treva, o poço sulfuroso – queimando, ardendo, fedendo, consumindo. Que asco! Asco! Dá-me uma onça de almíscar, meu boticário, para desempestar minha imaginação; tens aqui o dinheiro.

Gloucester: Ah, deixa que eu beije tuas mãos.

Lear: Vou limpá-las primeiro; cheiram a mortalidade.

Gloucester: Ó fragmento arruinado da natureza. Este mundo imenso também terminará assim, no nada. Me conheces?

Lear: Lembro-me muito bem dos teus olhos. Por que estás me olhando assim de esguelha? Não, cego Cupido, perdes teu tempo, não quero mais amar. Lê este desafio; repara sobretudo na caligrafia.

Gloucester: Mesmo que cada letra fosse um sol eu não conseguiria vê-las.

Edgar: (*À parte.*) Se tivessem me dito eu não acreditava; mas é verdade, e meu coração se parte.

Lear: Lê.

GLOUCESTER: Como, com o buraco das órbitas?

LEAR: Oh, oh. O que é que estás dizendo? Sem olhos na cara nem dinheiro na bolsa? O vazio da cara é mais caro, o da bolsa é mais claro. Mesmo assim, vês como vai indo o mundo?

GLOUCESTER: Um mundo sentido.

LEAR: Como, estás louco? Mesmo sem olhos um homem pode ver como anda o mundo. Olha com as orelhas. Vê como aquele juiz ofende aquele humilde ladrão. Escuta com o ouvido, troca os dois de lugar, como pedras nas mãos; qual o juiz, qual o ladrão? Já viste um cão da roça ladrar prum miserável?

GLOUCESTER: Já, meu senhor.

LEAR: E o pobre-diabo correr do vira-latas? Pois tens aí a imponente imagem da autoridade; até um vira-lata é obedecido quando ocupa um cargo. Oficial velhaco, suspende tua mão ensanguentada! Por que chicoteias essa prostituta? Desnuda tuas próprias costas. Pois ardes de desejo de cometer com ela o ato pelo qual a chicoteias. O usurário enforca o devedor. Os buracos de uma roupa esfarrapada não conseguem esconder o menor vício; mas as togas e os mantos de púrpura escondem tudo. Cobre o crime com placas de ouro e, por mais forte que seja a lança da justiça, se quebra inofensiva. Um crime coberto de trapos a palha de um pigmeu o atravessa. Não há ninguém culpado, ninguém – digo, ninguém! Eu me responsabilizo. Podes acreditar em mim, amigo, tenho o poder para lacrar os lábios do acusador. Arranja olhos de vidro e, como um político rasteiro, finge ver aquilo que não vês. Vamos, vamos, vamos, vamos! Tirem-me as botas. Mais força. Mais força! Assim.

Edgar: (*À parte.*) Oh, que mistura de bom senso e de absurdo. A razão na loucura.

Lear: Se pretendes chorar minha desventura, toma os meus olhos. Te conheço muito bem; teu nome é Gloucester. Tens de ter resignação. Nós chegamos aqui chorando; tu bem sabes, a primeira vez que sentimos o ar vagimos e berramos. Vou fazer-te um sermão; escuta.

Gloucester: Ai, ai, dia funesto!

Lear: Assim que nós nascemos, choramos por nos vermos neste imenso palco de loucos. Eis aqui um bom chapéu. Seria um belo estratagema ferrar com este feltro uma tropa de cavalos. Vou experimentar isso para cair silenciosamente sobre meus genros. Aí; mata, mata, mata, mata, mata, mata! (*Entra um fidalgo com servidores.*)

Fidalgo: Ah, aí está ele! Apoderem-se dele. Senhor, sua muito amada filha...

Lear: Ninguém me socorre? O que, um prisioneiro? Será que nasci mesmo para joguete do destino? Tratem-me bem que pagarei o resgate. Tragam-me um cirurgião; fui atingido no cérebro.

Fidalgo: Terá tudo e qualquer coisa.

Lear: Mas ninguém me apoia? Todos me abandonam? Isso é motivo para um homem se converter num rio de lágrimas salgadas, seus olhos podendo servir de regadores para fazer baixar a poeira do outono.

Fidalgo: Meu senhor...

Lear: Mas quero me acabar gostosamente, como um noivo preparado para o dia. Quero ser jovial! Venham, venham, eu sou um Rei, senhores! ou não sabem?

Fidalgo: Vós sois um Rei, sabemos, e esperamos vossas ordens.

Lear: Então ainda há esperanças. Mas se querem pegá-la é preciso correr. Assim, assim, assim, assim. (*Sai correndo, seguido dos outros.*)

Fidalgo: Uma visão lamentável, se fosse o último dos infelizes; que dizer então de um Rei? Tens ainda uma filha, que redime a humanidade da maldição universal que as outras duas fizeram cair sobre ela.

Edgar: Salve, nobre senhor.

Fidalgo: Senhor, o céu vos ajude. Que desejais?

Edgar: Ouviu falar, senhor, de batalha iminente?

Fidalgo: É coisa certa e sabida. Só não ouve mesmo quem não tem ouvidos.

Edgar: E, por favor, a que distância se encontra o outro exército?

Fidalgo: Muito perto e se aproxima em marcha batida. O grosso da tropa estará à vista a qualquer momento.

Edgar: Eu agradeço, senhor; é tudo.

Fidalgo: Embora a Rainha só esteja aqui por uma razão especial, o seu exército está em marcha.

Edgar: Muito obrigado, senhor. (*O Fidalgo sai.*)

Gloucester: Ó, deuses sempre clementes, tirai-me a vida. Não permiti que o Anjo do Mal me tente novamente a morrer antes da vossa determinação.

Edgar: É uma boa oração, velho amigo.

Gloucester: E quem és, meu senhor?

Edgar: Um homem muito pobre, tornado submisso aos golpes do destino; que por artes de dores vividas e sofridas se tornou sensível à compaixão. Dá-me tua mão; eu te conduzirei a algum abrigo.

Gloucester: Eu te agradeço de todo o coração; e que a generosidade e a bênção do céu te recompensem. (*Entra Osvaldo.*)

Osvaldo: Eis a cabeça a prêmio! Que sorte a minha! Tua cabeça sem olhos foi esculpida um dia para aumentar minha fortuna. Velho e infeliz traidor, encomenda depressa os teus pecados. Já está desembainhada a espada que vai te destruir.

Gloucester: Pois que a tua mão amiga ponha bastante força nesse ato. (*Edgar se interpõe.*)

Osvaldo: Que é isso, camponês insolente? Ousas defender um proclamado traidor? Para trás, antes que o contágio de seu azar contamine a ti também. Larga esse braço.

Edgar:[1] Num largu num sinhô, sim sapê pruquê.

Osvaldo: Larga, escravo, ou morres.

Edgar: Pom vacalhêro, vai no sô camin, e dêxa a genti in paz. Si falá grossu mi tirassi a fida eu já tava mortu tem mais de quince tias. Qué dizê – tira as pata do felho. Afaista, afaista, eu lhi pervino, simnão fai vê qui meu

---

1. A partir desta fala, Edgar, até a fala antes da queda de Osvaldo, para não se deixar reconhecer, começa a falar num dialeto rústico (*west country*). Não há correspondente em português. Como a atitude é folhetinesca e irreal, sugiro um dialeto inventado. É fundamental que não seja geograficamente localizado. Deve-se endurecer algumas consoantes (D vira T, V vira F, terminar alguns infinitivos sem R e assim por diante). (N.T.)

cajado é mais turo qui sua molêra. Tá fendo qui falo craro!

Osvaldo: Para trás, monte de bosta! (*Lutam.*)

Edgar: Vô lhi limpá os denti cum essi meu palito, sô. Num me metim medo suas istocada. (*Osvaldo cai.*)

Osvaldo: Escravo, me mataste. Fica com a minha bolsa, vilão. Se quiseres prosperar enterra o meu corpo; e entrega as cartas que estão em meu poder a Edmundo, conde de Gloucester. Tu o encontrarás com as tropas britânicas. Ó morte prematura! Ó Morte! (*Morre.*)

Edgar: Eu te conheço bem. Um canalha serviçal dedicado aos vícios da patroa até o limite de tua perversidade.

Gloucester: Como!? Ele morreu?

Edgar: Sente-se aí, ancião – descansa. Deixa eu ver esses bolsos; as cartas de que ele falou poderão me ajudar. Está morto; lamento apenas que não tenha sido outro o carrasco. Vejamos. Abre, delicado lacre. Boas maneiras, nada de censuras. Para conhecer a intenção de nossos inimigos seríamos capazes de lhes abrir até o coração. Abrir suas cartas é coisa bem mais lícita. (*Lê.*) – "Lembre-se de nossos votos mútuos. Tens muitas oportunidades de acabar com ele. Se não te faltar vontade surgirão muitos locais e ocasiões propícias. Mas tudo estará perdido se ele volta vencedor. Serei então prisioneira e seu leito minha prisão. Liberta-me desse calor odioso e ocupa esse lugar como teu prêmio. Tua (esposa, gostaria de dizer) rendida servidora, Goneril."
Que mundo ilimitado é a paixão de mulher! Uma conspiração contra a vida de seu virtuoso esposo: e

para substituí-lo, o meu irmão. Vou te enterrar aqui na areia, mensageiro profano de assassinos devassos. E, no momento oportuno, mostrarei ao duque, cuja morte se trama, este pérfido papel. Felizmente para ele eu posso lhe contar a tua morte e falar de tua missão.

Gloucester: O Rei está louco. Que teimosa é esta minha maldita consciência que ainda conservo clara, e me dá pleno conhecimento de toda minha desgraça! Melhor que eu enlouquecesse. Aí meus pensamentos abandonariam de vez minhas angústias. Quem perde a razão, não sabe que a perdeu. (*Tambores ao longe.*)

Edgar: Dá-me tua mão. Parece-me ouvir, lá muito longe, o rufar de um tambor. Vamos, bom ancião, eu te abrigarei com um amigo. (*Saem.*)

Cena VII

(*Acampamento francês, perto de Dover. Entram Cordélia, Kent, o médico e o fidalgo.*)

Cordélia: Ó bondoso Kent, quanto precisarei viver e fazer para pagar tua bondade? Minha vida será curta demais e muito pouco tudo o que eu fizer.

Kent: Seu reconhecimento, senhora, já é paga excessiva. Tudo que relatei é a mais pura verdade; não tirei nem botei – é só o que aconteceu.

Cordélia: Veste uma roupa melhor. Esse traje traz memórias tristes. Eu te peço trocá-lo.

Kent: Perdão, boa senhora, ser reconhecido agora estragaria meu plano. Peço-lhe pois que não me reconheça até que o tempo e eu julguemos conveniente.

Cordélia: Então assim será, meu bom senhor. (*Ao médico.*) Como está o Rei?

Médico: Ainda dorme, senhora.

Cordélia: Ó deuses piedosos, fechai essa ferida enorme aberta em sua alma violentada. Restabelecei a harmonia na cabeça delirante deste pai transformado em criança.

Médico: Vossa Majestade gostaria que despertássemos o Rei? Já dormiu bastante.

Cordélia: Oriente-se por sua ciência e proceda segundo a conclusão que achar melhor. Ele está bem-arrumado? (*Entra Lear numa cadeira, transportado por criados.*)

Fidalgo: Pronto, senhora; durante o sono profundo nós lhe pusemos roupas novas.

Médico: Fique perto de nós quando o acordarmos, senhora, por favor. Não tenho dúvidas de que está tranquilo.

Cordélia: Muito bem. (*Música.*)

Médico: Por favor, aproximem-se. Mais alto, a música.

Cordélia: Ó, querido pai! Que a tua cura dependa do remédio de meus lábios; e este beijo repare os violentos ultrajes que minhas irmãs infligiram à tua figura venerável.

Kent: Boa e amada princesa!

Cordélia: Mesmo que não fosses pai delas, esses cabelos brancos deveriam inspirar-lhes mais compaixão. Esse rosto merecia ser exposto à guerra dos ventos? Enfrentar o ribombo profundo e aterrador de trovões relampejantes? Ficar debaixo da mais terrível e rápida descarga de raios fulgurantes, que ziguezagueiam no céu; vigiando, pobre sentinela perdida, protegido apenas por capacete tão frágil? Numa noite assim até o cão de meu inimigo poderia se abrigar em minha lareira mesmo que tivesse me mordido. Mas tu, meu pobre pai, tiveste que te confundir com porcos e vagabundos famintos, disputando com eles um pouco de palha apodrecida. Ai de mim! Ai de mim! É um milagre que tua vida e tua razão não tenham terminado juntas. Ele acorda. Fala com ele.

Médico: Senhora, falai vós. É o mais indicado.

Cordélia: Como se sente o meu real senhor? Como passa Vossa Majestade?

Lear: Fizeste muito mal em me tirar da tumba. És uma alma beatificada; mas eu estou no inferno, amarrado a uma roda de fogo e minhas próprias lágrimas escaldam como se fossem chumbo derretido.

Cordélia: Senhor, me reconhece?

Lear: És um espírito, eu sei; quando morreste?

Cordélia: Ainda, ainda: tão longe ainda.

Médico: Não está bem desperto; deixemo-lo sozinho um certo tempo.

Lear: Onde é que eu estive? Onde é que eu estou? É dia claro? Estou muito confuso. Morreria de pena se visse outra pessoa neste estado. Não sei o que dizer. Não juraria que estas mãos são minhas. Vejamos: sinto a ponta do alfinete. Gostaria de estar certo da minha situação.

Cordélia: Oh, olha para mim, senhor, e levanta tua mão para abençoar-me. Não deves te ajoelhar.

Lear: Por favor, não zombes de mim. Sou um velho idiota com oitenta e tantos anos, nem uma hora a mais nem uma hora a menos e, para ser franco, receio não estar com o juízo perfeito. Acho que deveria conhecer a senhora, e esse senhor também. Mas estou em dúvida, porque ignoro totalmente que lugar é este; por mais que faça não consigo lembrar-me destes trajes, nem onde passei a última noite. Não riam de mim; mas, tão certo quanto eu ser um homem, esta senhora é Cordélia, minha filha.

Cordélia: Sou sim! Sou mesmo!

Lear: Tuas lágrimas são úmidas? Sim, são mesmo. Não chores, por favor. Tens veneno para mim? eu bebo. Eu sei que tu não me amas... porque... tuas duas irmãs, eu bem me lembro, me maltrataram muito. Tu tens um motivo, elas não tinham.

Cordélia: Motivo algum. Motivo algum.

Lear: Estou na França?

Kent: Em vosso próprio reino, Senhor.

Lear: Não me enganei.

Médico: Ficai tranquila, minha senhora... O acesso de furor já terminou: mas ainda é perigoso fazê-lo lembrar de coisas do passado. Aconselhai-o a ir para dentro. Não deve ser perturbado até recuperar toda a tranquilidade.

Cordélia: Gostaria Vossa Alteza de passear um pouco?

Lear: Tens de ter paciência comigo. Peço só uma coisa; esquece e perdoa. Sou velho e louco. (*Saem Lear, Cordélia, o médico e os servidores.*)

Fidalgo: Foi confirmado, senhor, que o duque de Cornualha morreu dessa maneira?

Kent: Exatamente, senhor.

Fidalgo: E quem ficou à frente do seu povo?

Kent: Dizem que Edmundo, o filho bastardo de Gloucester.

Fidalgo: Dizem também que Edgar, o seu filho banido, está com o conde de Kent, na Germânia.

Kent: Ah, mas dizem tanta coisa! É tempo de tomarmos decisões. As tropas do reino se aproximam bem depressa.

Fidalgo: O encontro decisivo promete ser sangrento. Passe bem, meu senhor. (*Sai.*)

Kent: E aqui eu jogo tudo
Para o bem e para o mal,
Esta batalha é um ponto,
Talvez meu ponto final. (*Sai.*)

FIM DO QUARTO ATO

ATO V

Cena I

(*Um descampado próximo ao acampamento britânico, em Dover. Entram, acompanhados por tambores e bandeiras, Edmundo, Regana, fidalgos e soldados.*)

Edmundo: (*A um fidalgo.*) Pergunte ao duque se permanece em seu último propósito ou se alguma coisa o induziu a mudar de plano. Está cheio de hesitações e escrúpulos. Traga-nos sua resolução definitiva.

Regana: Alguma coisa aconteceu ao mensageiro de minha irmã.

Edmundo: É o que devemos recear, minha senhora.

Regana: Agora, amável senhor, bem sabe os favores com que pretendo cumulá-lo. Diga-me sinceramente; mas diga a pura verdade: é certo que ama minha irmã?

Edmundo: Um amor respeitoso.

Regana: Mas nunca seguiste o caminho de meu irmão e foste com ela até o local proibido?

Edmundo: É uma suspeita que te ofende.

Regana: Receio que tenha havido uma grande intimidade entre os dois; que tenham ido até onde essas coisas podem ir.

Edmundo: Não, senhora; dou-lhe minha palavra.

Regana: Eu nunca o suportaria. Caro senhor, evite qualquer aproximação com ela.

Edmundo: Não duvide de mim. Aí chega! ela e seu marido, o duque! (*Entram, com tambores e bandeiras, Albânia, Goneril e soldados.*)

Goneril: (*À parte.*) Eu preferia perder a batalha do que deixar minha irmã nos separar.

Albânia: Nossa amadíssima irmã, que prazer encontrá-la. Senhor, eis o que eu soube: o Rei já está ao lado da filha, com algumas outras pessoas a quem o rigor de nosso governo obrigou à revolta. Quando eu não posso ser honesto eu não posso ser corajoso. Se tomei armas neste caso foi porque o Rei da França invadiu as nossas terras, não porque ele apoia o Rei e os outros que, lamento, se ergueram contra nós por causas justas e graves.

Edmundo: Senhor, falaste dignamente.

Regana: Por que se discute isso?

Goneril: Temos de nos unir contra o inimigo. Não é o momento, agora, de revolver questões pessoais e familiares.

Albânia: Decidamos então, com os veteranos de guerra, nosso plano de combate.

Edmundo: Encontrar-me-ei com o senhor, imediatamente, em sua tenda.

Regana: Vens conosco, irmã?

Goneril: Não.

Regana: Acho muito importante. Vem. Por favor.

Goneril: (*À parte.*) Ah! Ah! Eu conheço o mistério. Já vou. (*Saem ambos os exércitos. Entra Edgar.*)

EDGAR: (*Para Albânia.*) Se Vossa Graça jamais condescendeu em falar com um homem tão pobre, escute uma palavra.

ALBÂNIA: (*Aos outros.*) Já estarei lá. (*Para Edgar.*) Fala.

EDGAR: Antes de começar a batalha, abra esta carta. Se for tua a vitória, manda a trombeta soar chamando quem a trouxe. Por mais miserável que eu pareça, posso me transformar num lutador apto a provar o que está dito aí. Se resultas vencido, chegaram ao fim teus negócios terrenos e as maquinações contra ti. Que a Fortuna te assista.

ALBÂNIA: Espera que eu leia a carta.

EDGAR: Isso me foi proibido. Quando chegar o momento, basta o Arauto gritar, que surgirei de novo.

ALBÂNIA: Então passe bem. Lerei a tua carta. (*Edgar sai. Entra Edmundo.*)

EDMUNDO: O inimigo está à vista. Reúna suas tropas. Aqui está a estimativa aproximada das forças e recursos do inimigo, segundo um reconhecimento cuidadoso. É preciso que o senhor avance sem perda de tempo.

ALBÂNIA: Estaremos a postos. (*Sai.*)

EDMUNDO: Jurei amor a ambas as irmãs. Cada uma suspeita da outra como os que já foram mordidos suspeitam das serpentes. Com qual das duas fico? Ambas? Uma? Ou nenhuma das duas? Não poderei gozar nenhuma, ambas estando vivas. Ficar com a viúva significa exasperar Goneril, deixá-la louca de ódio; e dificilmente tirarei algum partido disso enquanto o marido for vivo. Por enquanto me aproveitarei do apoio dele na batalha.

Mas, esta terminada, Goneril, que deseja ver-se livre dele, terá que arranjar um meio rápido de eliminá-lo. Quanto à magnanimidade com que pretende tratar Lear e Cordélia, vencida a batalha, e eles em nosso poder,

Nunca hão de ver seu perdão.
Não tenho que dialogar
Mas defender minha posição. (*Sai.*)

Cena II

(*Uma planície entre os dois acampamentos. Trombetas soam. Entram, com tambores e bandeiras, Lear, Cordélia e soldados, que atravessam a cena e saem. Entram Edgar e Gloucester.*)

Edgar: Aqui, bom ancião, aceita a fresca hospedagem que te oferece a sombra desta árvore. Reza para que vença a causa justa. Se eu voltar a vê-lo será para lhe trazer consolação.

Gloucester: O céu o proteja, meu senhor. (*Sai Edgar. Fanfarras indicando começo e fim de batalha. Edgar reentra.*)

Edgar: Fujamos, velho! Dá-me tua mão! Fujamos! O Rei Lear perdeu; ele e sua filha são prisioneiros. Dá-me tua mão; vem comigo.

Gloucester: Nem mais um passo, senhor; um homem pode apodrecer aqui mesmo.

Edgar: O quê? Outra vez pensamentos sombrios? Os homens devem aguardar a hora de sair deste mundo com a paciência com que esperam a hora de entrar nele: estar preparado para tudo. Venha.

Gloucester: Isso também é verdade. (*Saem.*)

Cena III

(*Campo britânico, perto de Dover. Edmundo entra triunfalmente, rodeado por bandeiras e tambores. Lear e Cordélia são prisioneiros. Um capitão, e soldados.*)

Edmundo: Alguns oficiais os levem embora. Que sejam bem guardados até ser conhecida a decisão dos que os devem julgar.

Cordélia: Não somos os primeiros que com a melhor intenção atraímos o pior. Por ti, Rei oprimido, é que eu me aflijo. Sozinha poderia encarar essa fortuna descarada. Não as veremos nós, essas irmãs e essas filhas?

Lear: Não, não, não, não! Vem, vamos para a prisão. Nós dois sozinhos cantaremos como pássaros na gaiola. Quando me pedires a bênção eu me ajoelharei e te pedirei perdão. E assim viveremos, rezando e cantando, lembrando histórias antigas, rindo enquanto ouvimos os pobres vagabundos contarem as novidades sobre as borboletas douradas da corte. E também vamos conversar com eles: de quem perde e de quem ganha; de quem vai e de quem fica; e penetraremos o mistério das coisas como se fôssemos espiões de Deus; e entre os muros da prisão sobreviveremos às seitas e partidos dos poderosos, que sobem e descem como a maré debaixo da lua.

Edmundo: Embora!

Lear: Sobre tais sacrifícios, minha Cordélia, os próprios deuses espalham incenso. Te reencontrei? Quem pretender nos separar terá de roubar do céu uma tocha ardente e usar o fogo para nos enxotar daqui como raposas. Enxuga os olhos; a peste há de lhes devorar a carne e os ossos antes que consigam nos fazer chorar. Antes nós os veremos perecer de fome! Vem. (*Saem com guardas.*)

Edmundo: Vem cá, capitão – escuta. Pega este bilhete. (*Dá-lhe um papel.*) Segue-os até a prisão. Já te promovi a um posto. Se seguires as instruções aí escritas, abres caminho a destinos gloriosos. Aprende: a ocasião faz o homem. Ânimo delicado não assenta a quem usa espada. A importância de tua missão não admite relutâncias. Ou garantes que o farás ou procura a fortuna de outra forma.

Capitão: Eu o farei, meu senhor.

Edmundo: Ao trabalho; e considera-te feliz ao tê-lo executado. Presta atenção – é imediatamente – e executa como está escrito.

Capitão: Não posso puxar carroça, nem pastar aveia seca; mas coisas que homem faz eu faço. (*Sai. Fanfarra. Entram Albânia, Goneril, Regana, soldados.*)

Albânia: Senhor, mostraste hoje tua linhagem valorosa e foste também guiado pela sorte: fizeste prisioneiros os nossos inimigos na batalha que travamos. Eu os requisito para que sejam tratados de acordo com seus atos e a nossa segurança.

Edmundo: Senhor, achei por bem enviar para a prisão, sob escolta segura, o velho e desditoso Rei, cuja idade, e, ainda mais, seu título, têm um fascínio enorme, capaz de atrair para seu lado o sentimento popular, podendo fazer com que as lanças de nossos soldados se voltem contra nós, que os comandamos. Com ele mandei a Rainha, e pela mesma razão: e amanhã, ou depois disso a qualquer hora, estarão prontos para serem conduzidos aonde quer que decidas que serão julgados. No momento ainda estamos empapados de suor e sangue: o amigo perdeu o amigo; e as batalhas mais justas, no calor do combate, são amaldiçoadas por aqueles que sofrem sua violência. O julgamento de Cordélia e de seu pai exige um local mais adequado.

Albânia: Senhor, se me permite, nesta guerra eu o considero apenas um subordinado, não um irmão.

Regana: É exatamente esse o título com que desejamos agraciá-lo. Parece-me que deverias perguntar minha opinião antes de levares tão longe tuas palavras. Ele conduziu as nossas forças, assumiu minha autoridade e representou minha pessoa. O que desde logo lhe dá o direito de se levantar e se dizer teu irmão.

Goneril: Modera o teu ardor! Os seus méritos próprios o elevam mais do que o título que lhe dás.

Regana: Investido por mim nos meus direitos ele se iguala aos mais nobres.

Goneril: Isso só aconteceria se ele se casasse contigo.

Regana: Às vezes os engraçadinhos são excelentes profetas.

Goneril: Ora, ora! O olhar que vê assim é um tanto ou quanto vesgo.

Regana: Senhora, não estou me sentindo bem; senão minha resposta teria todo o meu ódio. General, dispõe de meus soldados, prisioneiros e patrimônio; dispõe deles e de mim; minhas muralhas são tuas. O mundo é testemunha de que eu aqui te faço meu senhor e meu amo.

Goneril: Achas que vais usufruí-lo?

Albânia: Impedir isso não depende da tua vontade.

Edmundo: Nem da tua, senhor.

Albânia: Da minha sim, rapazola mestiço!

Regana: (*Para Edmundo.*) Faz soar os tambores e proclama que o meu título agora é teu.

Albânia: Espera um pouco; ainda não terminei: Edmundo, eu te prendo por alta traição: e na acusação incluo essa serpente dourada... (*Aponta Goneril.*) Quanto à tua pretensão, amável irmã, me oponho a ela no interesse de minha mulher: ela tem um contrato secreto com este senhor e eu, marido dela, impugno os teus proclamas: Se queres te casar, faz a mim a corte: minha mulher já está comprometida...

Goneril: Mas que farsa!

Albânia: Estás armado, Gloucester. Que soe a trompa. Se não aparecer ninguém para te provar na cara as tuas abomináveis, evidentes e múltiplas traições, eis o meu desafio. (*Atira a luva no chão.*) Não comerei mais pão enquanto não provar, trespassando teu peito, que não és nada menos do que tudo que proclamo.

Regana: Eu me sinto mal! Oh, eu me sinto mal!

Goneril: (*À parte.*) Se não fosse assim eu nunca mais acreditaria nos venenos.

Edmundo: (*Atira uma luva no chão.*) Eis minha resposta. Seja quem for no mundo que me chame de traidor, mente como um vilão. Toque o trombeteiro; quem ousar dar um passo adiante; contra ele, contra ti, seja contra quem for, defenderei firmemente minha honra e minha verdade.

Albânia: Um arauto aí!

Edmundo: Um arauto! Vamos, um arauto!

Albânia: Conta só com teu valor; pois teus soldados, recrutados todos em meu nome, em meu nome já foram dispersados.

Regana: Meu mal-estar aumenta.

Albânia: Ela não está passando bem; levem-na para minha tenda. (*Sai Regana, amparada. Entra um arauto.*) Aproxima-te, arauto. Soa tua trompa e lê isto em voz alta.

Capitão: Tocai a trompa! (*Soa a trompa.*)

Arauto: (*Lendo.*) "Se houver nas fileiras do exército qualquer homem de alta posição ou qualidade disposto a afirmar que Edmundo, pretenso conde de Gloucester, é um múltiplo traidor, apresente-se ao terceiro toque da trombeta. Ele está pronto a defender-se."

Edmundo: Toque! (*Primeiro toque.*)

Arauto: Outra vez! (*Segundo toque.*) Outra vez! (*Terceiro toque. Outro toque responde, de dentro. Ao terceiro toque, Edgar entra, acompanhado pelo trombeteiro.*)

Albânia: Pergunta-lhe quais são suas intenções e por que se apresentou ao toque da trombeta.

Arauto: Quem sois vós? Vosso nome, vossa posição e por que respondestes a esta chamada?

Edgar: Saibam que meu nome se perdeu. Foi roído e gangrenado pelo dente da traição; mas sou tão nobre quanto o adversário que pretendo enfrentar.

Albânia: Quem é esse adversário?

Edgar: Não é um que se diz Edmundo, conde de Gloucester?

Edmundo: Ele mesmo. Que tens para dizer-lhe?

Edgar: Saca tua espada para que, se as minhas palavras ofenderem um nobre coração, o teu braço possa te fazer justiça. Aqui está a minha. Usá-la é um privilégio de minha honra, meu juramento e minha profissão. Proclamo – apesar de tua força, juventude, função e eminência: apesar de tua espada vitoriosa e de tua fortuna recém-adquirida, teu valor e tua coragem; tu és um traidor; falso com teus deuses, teu irmão e teu pai, conspirador contra este nobre e ilustre príncipe. Desde a ponta dos cabelos até a poeira embaixo dos teus pés, és um traidor, mais venenoso do que um sapo venenoso. Diga "não" agora, e esta espada, este braço, e o melhor do meu espírito, estão prontos a prová-lo em teu coração ao qual eu falo: tu mentes!

Edmundo: Se eu fosse prudente deveria perguntar teu nome, mas como tua aparência é tão nobre e marcial, e teu discurso respira alta linhagem, eu desdenho e abandono minúcias e prudências que bem poderia exigir, pelas regras da cavalaria. E devolvo em tua face tua acusação de traidor: que essa calúnia, odiosa como o inferno, esmague teu coração. Mas como minhas ofensas mal te atingem e não te ferem, minha espada vai lhes abrir o caminho sangrento onde ficarão cravadas para sempre. Trombetas, falem! (*Trombetas soam. Luta. Edmundo cai.*)

Albânia: Poupai-o! Poupai-o!

Goneril: Foi uma perfídia, Gloucester: pela lei das armas não eras obrigado a enfrentar um opositor desconhecido. Tu não foste vencido, mas enganado e traído.

Albânia: Cale a boca, senhora, ou eu a calarei com este papel. Calma, senhor. (*A Goneril.*) Tu, pior que qualquer nome, lê tua própria infâmia. Não o rasgue, senhora; percebo que já conhece o conteúdo.

Goneril: Digamos que eu conheça – as leis são minhas, não tuas. Ninguém pode me julgar.

Albânia: É monstruoso demais! Conheces este papel!?

Goneril: Não me pergunte o que eu conheço. (*Sai.*)

Albânia: Corram atrás dela. Está fora de si. Segurem-na. (*Sai um oficial.*)

Edmundo: Cometi tudo de que me acusam e mais, muito mais. O tempo o revelará. Tudo agora é passado, como eu. Mas quem és tu que me venceste assim? Se és um nobre eu te perdoo.

Edgar: Trataremos um ao outro com piedade: meu sangue não vale menos do que o teu, Edmundo. Se vale mais, então foi maior a tua culpa. Meu nome é Edgar; sou filho de teu pai. Os deuses são justos, e nos castigam com nossos vícios mais doces. Ter-te gerado em lugar escuro e vicioso custou-lhe os olhos.

Edmundo: Falaste certo; é verdade. A roda completou seu giro. Eu estou aqui.

Albânia: Percebi logo que o teu porte indicava uma nobreza real. Quero abraçar-te. Que a desolação rompa meu peito se eu jamais senti ódio por ti ou por teu pai.

Edgar: Eu o sei, digno príncipe.

Albânia: Onde te escondeste? Como soubeste das desgraças de teu pai?

Edgar: Cuidando delas, meu senhor. Escuta uma história breve: e quando eu tiver terminado, quero que meu coração rebente! Para escapar do bando sanguinário que me perseguia tão de perto (oh, a doçura da vida nos faz aceitar o horror de morrer a todo instante quando seria preferível morrer de uma vez) decidi disfarçar-me com os andrajos de um demente, ficando com um aspecto de dar nojo até aos cães. Vestido assim eu encontrei meu pai com seus anéis sangrentos, de onde tinham acabado de arrancar as pedras preciosas. E me tornei seu guia. Conduzi-o, mendiguei por ele, salvei-o do desespero. Nunca – ó erro! – revelei quem eu era, até meia hora atrás, quando já estava armado. Inseguro, embora esperançoso, de ter bom resultado, pedi-lhe a bênção e lhe contei, do princípio ao fim, toda a minha peregrinação. Mas seu coração já rachado (fraco demais, ai de mim, para suportar o conflito) entre os dois extremos da paixão, a alegria e a dor, se rompeu sorridente.

Edmundo: Tua história me comoveu e talvez traga algum bem; mas continua. Tenho a impressão de que não terminaste.

Albânia: Se há mais alguma coisa, mais sofrimento, não conte; já estou quase me desfazendo em lágrimas.

Edgar: Isso já pareceria o cúmulo a todos que têm horror ao sofrimento; mas alguma coisa mais juntou-se a isso, indo além do possível, ultrapassando o limite. Enquanto eu me entregava à minha dor gritando, apareceu um homem que, me vendo nesse estado deplorável, evitou minha repugnante companhia. Mas logo, percebendo quem era o desgraçado ali agoniado, me apertou no peito com seus braços vigorosos e se pôs a gritar com uma violência de estremecer o céu. Atirou-se sobre meu pai e contou, sobre Lear e ele próprio, a história mais comovente que ouvidos humanos já escutaram. E, enquanto contava, sua angústia se tornou tão intensa que as cordas da vida começaram a estalar. Aí a trombeta soou pela segunda vez e eu o deixei lá, inanimado.

Albânia: E quem era esse homem?

Edgar: Kent, senhor, o exilado Kent, o qual, disfarçado, seguia sempre o Rei que o desterrou, prestando-lhe serviços indignos de um escravo. (*Entra um fidalgo com uma faca ensanguentada.*)

Fidalgo: Socorro! Socorro! Oh, socorro!

Edgar: Para que o socorro?

Albânia: Fala, homem.

Edgar: O que quer dizer esse punhal sangrento?

Fidalgo: Ainda está quente, fumegante... Acabou de sair do coração de... Oh, ela está morta.

Albânia: Quem está morta? Fala.

Fidalgo: Sua esposa, senhor, a sua esposa; e a irmã, envenenada por ela. Ela confessou.

Edmundo: Eu estava prometido a ambas. Agora nos casamos os três, no mesmo instante.

Edgar: Aí vem Kent. (*Entra Kent.*)

Albânia: Mortos ou vivos, tragam aqui os corpos. (*Sai o fidalgo.*) Esse julgamento dos céus, que nos assusta, não nos inspira nenhuma compaixão. (*Entra Kent.*) Oh, é ele então? As circunstâncias nos impedem os cumprimentos ditados pela cortesia.

Kent: Vim apenas para dizer adeus para sempre a meu Rei e Senhor. Ele não está aqui?

Albânia: Mas que esquecimento o nosso! Fala, Edmundo, onde está o Rei? E onde está Cordélia? (*Surgem os corpos de Goneril e Regana.*) Estás vendo este espetáculo, Kent?

Kent: Ai de mim, como foi isso?

Edmundo: Contudo Edmundo foi amado. Por minha causa uma envenenou a outra e depois se matou.

Albânia: Foi assim. Cubram seus rostos.

Edmundo: Anseio pela vida; quero fazer algo de bom a despeito da minha natureza... Depressa mandem alguém ao castelo... Não percam tempo... eu dei uma ordem... escrevi... condenando à morte Cordélia e o Rei. Corram, enquanto é tempo.

Albânia: Corram! Corram! Oh, corram!

Edgar: Procurar quem, senhor? Quem tem a ordem? Manda uma contraordem.

Edmundo: Toma minha espada, entrega-a ao capitão.

Albânia: Por tua vida, corre! (*Edgar sai.*)

Edmundo: Ele tinha ordem minha e de tua mulher para enforcar Cordélia na prisão e depois lançar a culpa em seu próprio desespero, que a teria levado a destruir-se.

Albânia: Que os deuses a protejam! Tirem-no daqui agora. (*Levam Edmundo. Entram Lear, com Cordélia nos braços, Edgar, fidalgos e cortejo.*)

Lear: Huau! Huau! Huau! Huau! Oh, vós sois homens de pedra! Tivesse eu vossos olhos e vossas línguas eu os usaria de tal modo que faria estalar a abóbada do céu. Ela partiu para sempre. Eu sei quando alguém está morto e quando alguém tem vida. Ela está morta como terra. Dai-me um espelho. Se sua respiração embaçar ou ofuscar o vidro, então ainda tem vida.

Kent: É esse o anunciado fim do mundo?

Edgar: Ou uma imagem desse dia de horror?

Albânia: Pois que chegue esse dia, e acabe com tudo para sempre.

Lear: A pena se move; ela vive. Se for assim, esta felicidade compensa todas as dores que tenho sofrido.

Kent: (*Ajoelhando-se.*) Ó meu bom senhor!

Lear: Afaste-se, por favor!

Edgar: É o nobre Kent, teu amigo.

Lear: A peste caia sobre vós, assassinos, traidores todos! Eu podia tê-la salvo; agora ela foi embora para sempre. Cordélia, Cordélia, fica ainda um pouco. Ah, o que é que tu dizes? Sua voz foi sempre suave, meiga e baixa, uma coisa excelente na mulher. Matei o escravo que estava te enforcando.

Fidalgo: É verdade, senhores, ele o matou.

Lear: Não foi mesmo, amigo? Já houve tempo em que, com o meu alfanje afiado, fazia todos correr. Estou velho, agora, e todas essas provações me aniquilaram. Quem és tu? A minha vista já não é tão boa – te digo logo.

Kent: Se existem dois homens de quem a fortuna pode se vangloriar de ter odiado e amado ao ponto extremo, um deles é esse aí.

Lear: Estou com a vista turva? Tu não és Kent?

Kent: Ele mesmo, teu servidor. E teu servidor Caio, onde se encontra?

Lear: É um bravo companheiro, eu te garanto. Ataca forte; e rápido também. Está morto e apodrecido.

Kent: Não, meu bom senhor; sou esse homem...

Lear: Logo veremos.

Kent: ...que desde o começo de teu infortúnio e declínio seguiu teus tristes passos.

Lear: Então sejas bem-vindo.

Kent: Não, nem eu, nem ninguém mais, neste momento. Tudo é desolação, trevas e luto. Tuas filhas mais velhas se destruíram; o desespero as matou.

Lear: Sim, creio que sim.

Albânia: Ele não sabe o que diz e é inútil tentar fazer com que nos reconheça.

Edgar: Completamente inútil... (*Entra um mensageiro.*)

Mensageiro: Meu senhor, Edmundo morreu.

Albânia: Uma coisa insignificante, no momento. Senhores nobres, e nobres amigos, ouvi nossas intenções. Prestaremos todo o amparo que pudermos a esta ruína de um grande homem. Por isso renunciamos, e, enquanto durar a vida desta veneranda majestade, colocamos em suas mãos o nosso poder absoluto. (*A Edgar e Kent.*) A vós os vossos direitos, acrescentados de títulos e honras que mais do que mereceis. Todos os amigos provarão as recompensas de vossas virtudes e todos os inimigos beberão a taça amarga de vossos merecimentos. Vede! Vede!

Lear: A minha pobre bobinha foi enforcada: Não, não, não tem mais vida. Por que um cão, um cavalo, um rato têm vida e tu já não respiras? Nunca mais voltarás, nunca, nunca, nunca, nunca, nunca! Por favor, desabotoem aqui. Muito obrigado, senhor. Está vendo isto?... Olhem-na! Olhem seus lábios, olhem ali, olhem ali... (*Morre.*)

Edgar: Está desmaiando! Meu senhor, meu senhor!

Kent: Estoura, meu coração, eu te suplico, estoura!

Edgar: Abra os olhos, meu senhor.

Kent: Não atormente sua alma. Deixemos que ele parta. Seria odiá-lo mantê-lo mais tempo na roda de tortura que é este mundo.

Edgar: Partiu para sempre.

Kent: É espantoso que tenha resistido assim; viveu muito tempo além da própria vida.

Albânia: Levem-no daqui. E vamos nos dedicar agora ao luto geral. (*Para Kent e Edgar.*)

Amigos de minha alma, juntos governareis
o Estado,
sustendo e recompondo o Reino ensanguentado.

Kent: Eu tenho uma viagem, senhor, pronta missão.
O meu Rei me chama; não posso dizer não.

Edgar: Ao peso destes tempos
Temos que obedecer.
Dizer o que devemos;
Não o que é bom dizer,
O mais velho sofreu mais;
Nós jovens, garanto,
Jamais veremos tanto,
Nem viveremos tanto.
(*Saem, com marcha fúnebre.*)

FIM DO QUINTO ATO

Coleção L&PM POCKET

1100.**Hamlet (Mangá)** – Shakespeare
1101.**A arte da guerra (Mangá)** – Sun Tzu
1104.**As melhores histórias da Bíblia (vol.1)** – A. S. Franchini e Carmen Seganfredo
1105.**As melhores histórias da Bíblia (vol.2)** – A. S. Franchini e Carmen Seganfredo
1106.**Psicologia das massas e análise do eu** – Freud
1107.**Guerra Civil Espanhola** – Helen Graham
1108.**A autoestrada do sul e outras histórias** – Julio Cortázar
1109.**O mistério dos sete relógios** – Agatha Christie
1110.**Peanuts: Ninguém gosta de mim... (amor)** – Charles Schulz
1111.**Cadê o bolo?** – Mauricio de Sousa
1112.**O filósofo ignorante** – Voltaire
1113.**Totem e tabu** – Freud
1114.**Filosofia pré-socrática** – Catherine Osborne
1115.**Desejo de status** – Alain de Botton
1118.**Passageiro para Frankfurt** – Agatha Christie
1120.**Kill All Enemies** – Melvin Burgess
1121.**A morte da sra. McGinty** – Agatha Christie
1122.**Revolução Russa** – S. A. Smith
1123.**Até você, Capitu?** – Dalton Trevisan
1124.**O grande Gatsby (Mangá)** – F. S. Fitzgerald
1125.**Assim falou Zaratustra (Mangá)** – Nietzsche
1126. **Peanuts: É para isso que servem os amigos (amizade)** – Charles Schulz
1127(27).**Nietzsche** – Dorian Astor
1128.**Bidu: Hora do banho** – Mauricio de Sousa
1129.**O melhor do Macanudo Taurino** – Santiago
1130.**Radicci 30 anos** – Iotti
1131.**Show de sabores** – J.A. Pinheiro Machado
1132.**O prazer das palavras** – vol. 3 – Cláudio Moreno
1133.**Morte na praia** – Agatha Christie
1134.**O fardo** – Agatha Christie
1135.**Manifesto do Partido Comunista (Mangá)** – Marx & Engels
1136.**A metamorfose (Mangá)** – Franz Kafka
1137.**Por que você não se casou... ainda** – Tracy McMillan
1138.**Textos autobiográficos** – Bukowski
1139.**A importância de ser prudente** – Oscar Wilde
1140.**Sobre a vontade na natureza** – Arthur Schopenhauer
1141.**Dilbert (8)** – Scott Adams
1142.**Entre dois amores** – Agatha Christie
1143.**Cipreste triste** – Agatha Christie
1144.**Alguém viu uma assombração?** – Mauricio de Sousa
1145.**Mandela** – Elleke Boehmer
1146.**Retrato do artista quando jovem** – James Joyce
1147.**Zadig ou o destino** – Voltaire
1148.**O contrato social (Mangá)** – J.-J. Rousseau
1149.**Garfield fenomenal** – Jim Davis
1150.**A queda da América** – Allen Ginsberg
1151.**Música na noite & outros ensaios** – Aldous Huxley
1152.**Poesias inéditas & Poemas dramáticos** – Fernando Pessoa
1153.**Peanuts: Felicidade é...** – Charles M. Schulz
1154.**Mate-me por favor** – Legs McNeil e Gillian McCain
1155.**Assassinato no Expresso Oriente** – Agatha Christie
1156.**Um punhado de centeio** – Agatha Christie
1157.**A interpretação dos sonhos (Mangá)** – Freud
1158.**Peanuts: Você não entende o sentido da vida** – Charles M. Schulz
1159.**A dinastia Rothschild** – Herbert R. Lottman
1160.**A Mansão Hollow** – Agatha Christie
1161.**Nas montanhas da loucura** – H.P. Lovecraft
1162(28).**Napoleão Bonaparte** – Pascale Fautrier
1163.**Um corpo na biblioteca** – Agatha Christie
1164.**Inovação** – Mark Dodgson e David Gann
1165.**O que toda mulher deve saber sobre os homens: a afetividade masculina** – Walter Riso
1166.**O amor está no ar** – Mauricio de Sousa
1167.**Testemunha de acusação & outras histórias** – Agatha Christie
1168.**Etiqueta de bolso** – Celia Ribeiro
1169.**Poesia reunida (volume 3)** – Affonso Romano de Sant'Anna
1170.**Emma** – Jane Austen
1171.**Que seja em segredo** – Ana Miranda
1172.**Garfield sem apetite** – Jim Davis
1173.**Garfield: Foi mal...** – Jim Davis
1174.**Os irmãos Karamázov (Mangá)** – Dostoiévski
1175.**O Pequeno Príncipe** – Antoine de Saint-Exupéry
1176.**Peanuts: Ninguém mais tem o espírito aventureiro** – Charles M. Schulz
1177.**Assim falou Zaratustra** – Nietzsche
1178.**Morte no Nilo** – Agatha Christie
1179.**Ê, soneca boa** – Mauricio de Sousa
1180.**Garfield a todo o vapor** – Jim Davis
1181.**Em busca do tempo perdido (Mangá)** – Proust
1182.**Cai o pano: o último caso de Poirot** – Agatha Christie
1183.**Livro para colorir e relaxar** – Livro 1
1184.**Para colorir sem parar**
1185.**Os elefantes não esquecem** – Agatha Christie
1186.**Teoria da relatividade** – Albert Einstein
1187.**Compêndio da psicanálise** – Freud
1188.**Visões de Gerard** – Jack Kerouac
1189.**Fim de verão** – Mohiro Kitoh
1190.**Procurando diversão** – Mauricio de Sousa
1191.**E não sobrou nenhum e outras peças** – Agatha Christie
1192.**Ansiedade** – Daniel Freeman & Jason Freeman
1193.**Garfield: pausa para o almoço** – Jim Davis
1194.**Contos do dia e da noite** – Guy de Maupassant

1195.**O melhor de Hagar 7** – Dik Browne
1196(29).**Lou Andreas-Salomé** – Dorian Astor
1197(30).**Pasolini** – René de Ceccatty
1198.**O caso do Hotel Bertram** – Agatha Christie
1199.**Crônicas de motel** – Sam Shepard
1200.**Pequena filosofia da paz interior** – Catherine Rambert
1201.**Os sertões** – Euclides da Cunha
1202.**Treze à mesa** – Agatha Christie
1203.**Bíblia** – John Riches
1204.**Anjos** – David Albert Jones
1205.**As tirinhas do Guri de Uruguaiana 1** – Jair Kobe
1206.**Entre aspas (vol.1)** – Fernando Eichenberg
1207.**Escrita** – Andrew Robinson
1208.**O spleen de Paris: pequenos poemas em prosa** – Charles Baudelaire
1209.**Satíricon** – Petrônio
1210.**O avarento** – Molière
1211.**Queimando na água, afogando-se na chama** – Bukowski
1212.**Miscelânea septuagenária: contos e poemas** – Bukowski
1213.**Que filosofar é aprender a morrer e outros ensaios** – Montaigne
1214.**Da amizade e outros ensaios** – Montaigne
1215.**O medo à espreita e outras histórias** – H.P. Lovecraft
1216.**A obra de arte na era de sua reprodutibilidade técnica** – Walter Benjamin
1217.**Sobre a liberdade** – John Stuart Mill
1218.**O segredo de Chimneys** – Agatha Christie
1219.**Morte na rua Hickory** – Agatha Christie
1220.**Ulisses (Mangá)** – James Joyce
1221.**Ateísmo** – Julian Baggini
1222.**Os melhores contos de Katherine Mansfield** – Katherine Mansfield
1223(31).**Martin Luther King** – Alain Foix
1224.**Millôr Definitivo: uma antologia de *A Bíblia do Caos*** – Millôr Fernandes
1225.**O Clube das Terças-Feiras e outras histórias** – Agatha Christie
1226.**Por que sou tão sábio** – Nietzsche
1227.**Sobre a mentira** – Platão
1228.**Sobre a leitura *seguido do* Depoimento de Céleste Albaret** – Proust
1229.**O homem do terno marrom** – Agatha Christie
1230(32).**Jimi Hendrix** – Franck Médioni
1231.**Amor e amizade e outras histórias** – Jane Austen
1232.**Lady Susan, Os Watson e Sanditon** – Jane Austen
1233.**Uma breve história da ciência** – William Bynum
1234.**Macunaíma: o herói sem nenhum caráter** – Mário de Andrade
1235.**A máquina do tempo** – H.G. Wells
1236.**O homem invisível** – H.G. Wells
1237.**Os 36 estratagemas: manual secreto da arte da guerra** – Anônimo
1238.**A mina de ouro e outras histórias** – Agatha Christie
1239.**Pic** – Jack Kerouac
1240.**O habitante da escuridão e outros contos** – H.P. Lovecraft
1241.**O chamado de Cthulhu e outros contos** – H.P. Lovecraft
1242.**O melhor de Meu reino por um cavalo!** – Edição de Ivan Pinheiro Machado
1243.**A guerra dos mundos** – H.G. Wells
1244.**O caso da criada perfeita e outras histórias** – Agatha Christie
1245.**Morte por afogamento e outras histórias** – Agatha Christie
1246.**Assassinato no Comitê Central** – Manuel Vázquez Montalbán
1247.**O papai é pop** – Marcos Piangers
1248.**O papai é pop 2** – Marcos Piangers
1249.**A mamãe é rock** – Ana Cardoso
1250.**Paris boêmia** – Dan Franck
1251.**Paris libertária** – Dan Franck
1252.**Paris ocupada** – Dan Franck
1253.**Uma anedota infame** – Dostoiévski
1254.**O último dia de um condenado** – Victor Hugo
1255.**Nem só de caviar vive o homem** – J.M. Simmel
1256.**Amanhã é outro dia** – J.M. Simmel
1257.**Mulherzinhas** – Louisa May Alcott
1258.**Reforma Protestante** – Peter Marshall
1259.**História econômica global** – Robert C. Allen
1260(33).**Che Guevara** – Alain Foix
1261.**Câncer** – Nicholas James
1262.**Akhenaton** – Agatha Christie
1263.**Aforismos para a sabedoria de vida** – Arthur Schopenhauer
1264.**Uma história do mundo** – David Coimbra
1265.**Ame e não sofra** – Walter Riso
1266.**Desapegue-se!** – Walter Riso
1267.**Os Sousa: Uma família do barulho** – Mauricio de Sousa
1268.**Nico Demo: O rei da travessura** – Mauricio de Sousa
1269.**Testemunha de acusação e outras peças** – Agatha Christie
1270(34).**Dostoiévski** – Virgil Tanase
1271.**O melhor de Hagar 8** – Dik Browne
1272.**O melhor de Hagar 9** – Dik Browne
1273.**O melhor de Hagar 10** – Dik e Chris Browne
1274.**Considerações sobre o governo representativo** – John Stuart Mill
1275.**O homem Moisés e a religião monoteísta** – Freud
1276.**Inibição, sintoma e medo** – Freud
1277.**Além do princípio de prazer** – Freud
1278.**O direito de dizer não!** – Walter Riso
1279.**A arte de ser flexível** – Walter Riso

1280.**Casados e descasados** – August Strindberg
1281.**Da Terra à Lua** – Júlio Verne
1282.**Minhas galerias e meus pintores** – Kahnweiler
1283.**A arte do romance** – Virginia Woolf
1284.**Teatro completo v. 1: As aves da noite** ***seguido de*** **O visitante** – Hilda Hilst
1285.**Teatro completo v. 2: O verdugo** ***seguido de*** **A morte do patriarca** – Hilda Hilst
1286.**Teatro completo v. 3: O rato no muro** ***seguido de*** **Auto da barca de Camiri** – Hilda Hilst
1287.**Teatro completo v. 4: A empresa** ***seguido de*** **O novo sistema** – Hilda Hilst
1289.**Fora de mim** – Martha Medeiros
1290.**Divã** – Martha Medeiros
1291.**Sobre a genealogia da moral: um escrito polêmico** – Nietzsche
1292.**A consciência de Zeno** – Italo Svevo
1293.**Células-tronco** – Jonathan Slack
1294.**O fim do ciúme e outros contos** – Proust
1295.**A jangada** – Júlio Verne
1296.**A ilha do dr. Moreau** – H.G. Wells
1297.**Ninho de fidalgos** – Ivan Turguêniev
1298.**Jane Eyre** – Charlotte Brontë
1299.**Sobre gatos** – Bukowski
1300.**Sobre o amor** – Bukowski
1301.**Escrever para não enlouquecer** – Bukowski
1302.**222 receitas** – J. A. Pinheiro Machado
1303.**Reinações de Narizinho** – Monteiro Lobato
1304.**O Saci** – Monteiro Lobato
1305.**Memórias da Emília** – Monteiro Lobato
1306.**O Picapau Amarelo** – Monteiro Lobato
1307.**A reforma da Natureza** – Monteiro Lobato
1308.**Fábulas** ***seguido de*** **Histórias diversas** – Monteiro Lobato
1309.**Aventuras de Hans Staden** – Monteiro Lobato
1310.**Peter Pan** – Monteiro Lobato
1311.**Dom Quixote das crianças** – Monteiro Lobato
1312.**O Minotauro** – Monteiro Lobato
1313.**Um quarto só seu** – Virginia Woolf
1314.**Sonetos** – Shakespeare
1315(35).**Thoreau** – Marie Berthoumieu e Laura El Makki
1316.**Teoria da arte** – Cynthia Freeland
1317.**A arte da prudência** – Baltasar Gracián
1318.**O louco** ***seguido de*** **Areia e espuma** – Khalil Gibran
1319.**O profeta** ***seguido de*** **O jardim do profeta** – Khalil Gibran
1320.**Jesus, o Filho do Homem** – Khalil Gibran
1321.**A luta** – Norman Mailer
1322.**Sobre o sofrimento do mundo e outros ensaios** – Schopenhauer
1323.**Epidemiologia** – Rodolfo Sacacci
1324.**Japão moderno** – Christopher Goto-Jones
1325.**A arte da meditação** – Matthieu Ricard
1326.**O adversário secreto** – Agatha Christie
1327.**Pollyanna** – Eleanor H. Porter
1328.**Espelhos** – Eduardo Galeano
1329.**A Vênus das peles** – Sacher-Masoch
1330.**O 18 de brumário de Luís Bonaparte** – Karl Marx
1331.**Um jogo para os vivos** – Patricia Highsmith
1332.**A tristeza pode esperar** – J.J. Camargo
1333.**Vinte poemas de amor e uma canção desesperada** – Pablo Neruda
1334.**Judaísmo** – Norman Solomon
1335.**Esquizofrenia** – Christopher Frith & Eve Johnstone
1336.**Seis personagens em busca de um autor** – Luigi Pirandello
1337.**A Fazenda dos Animais** – George Orwell
1338.**1984** – George Orwell
1339.**Ubu Rei** – Alfred Jarry
1340.**Sobre bêbados e bebidas** – Bukowski
1341.**Tempestade para os vivos e para os mortos** – Bukowski
1342.**Complicado** – Natsume Ono
1343.**Sobre o livre-arbítrio** – Schopenhauer
1344.**Uma breve história da literatura** – John Sutherland
1345.**Você fica tão sozinho às vezes que até faz sentido** – Bukowski
1346.**Um apartamento em Paris** – Guillaume Musso
1347.**Receitas fáceis e saborosas** – José Antonio Pinheiro Machado
1348.**Por que engordamos** – Gary Taubes
1349.**A fabulosa história do hospital** – Jean-Noël Fabiani
1350.**Voo noturno** ***seguido de*** **Terra dos homens** – Antoine de Saint-Exupéry
1351.**Doutor Sax** – Jack Kerouac
1352.**O livro do Tao e da virtude** – Lao-Tsé
1353.**Pista negra** – Antonio Manzini
1354.**A chave de vidro** – Dashiell Hammett
1355.**Martin Eden** – Jack London
1356.**Já te disse adeus, e agora, como te esqueço?** – Walter Riso
1357.**A viagem do descobrimento** – Eduardo Bueno
1358.**Náufragos, traficantes e degredados** – Eduardo Bueno
1359.**Retrato do Brasil** – Paulo Prado
1360.**Maravilhosamente imperfeito, escandalosamente feliz** – Walter Riso
1361.**É...** – Millôr Fernandes
1362.**Duas tábuas e uma paixão** – Millôr Fernandes
1363.**Selma e Sinatra** – Martha Medeiros
1364.**Tudo que eu queria te dizer** – Martha Medeiros
1365.**Várias histórias** – Machado de Assis
1366.**A sabedoria do Padre Brown** – G. K. Chesterton
1367.**Capitães do Brasil** – Eduardo Bueno
1368.**O falcão maltês** – Dashiell Hammett
1369.**A arte de estar com a razão** – Arthur Schopenhauer
1370.**A visão dos vencidos** – Miguel León-Portilla

IMPRESSÃO:

PALLOTTI
GRÁFICA

Santa Maria - RS | Fone: (55) 3220.4500
www.graficapallotti.com.br